JN100853

即効性バツグン、
あらゆる場面で使える

営業
テクニック
図鑑

伊庭正康
Iba Masayasu

日本実業出版社

テクニックを知れば、
営業ほど、クリエイティブな仕事はない。

　あなたは、営業に対してどのような印象を持っているでしょうか？

「営業ほど、クリエイティブな仕事はない」——私はそう確信しています。というのも、ただ売上をつくるだけでなく、テクニックを身につけ、自分なりの知恵を働かせれば、無限にお客様に感動を与えることができる仕事だからです。

　しかし、そう思うまでには、少し時間が必要でした。

　営業を始めた最初の頃は、「不況で厳しい」「目標のプレッシャーがきつい」——毎日のように、そんなことを感じていました。今だから言えますが、プレッシャーにうなされ、寝汗をびっしょりとかいた日もありました。

　でも、「営業観」が変わるきっかけがあったのです。前職の支社長から勧められた本との出会いです。今は絶版になっている『高額商品セールスマンのための驚異のセールス・アクション・プログラム』（森鶴夫：著、1991年刊行、産能大学出版部）というものでした。

　自己啓発書とは全く異なり、極めてロジカルにテクニックのみが解説されている「超」硬派な営業の本でした。今でも覚えていますが、その本では、営業を科学的なものとして取り扱い、次のように記載されていました。

> 営業力（販売力）= 行動量 × 実力 × 営業基盤

　行動量こそがすべてだと思っていた当時の私には、まさに驚きで、本に記載されていたテクニックをすぐにとり入れました。すると、まず契約単価が以前の2倍になったのです。さらにお客様からの紹介の案件も増えました。

　そうなると、ますます営業テクニックの探求は加速しました。すると、**心理学、マーケティング、経営戦略などの理論にも、営業に生かせるさまざまなテクニックがある**と知ることができたのです。テクニックを身につければ身につけるほど、成績も上がりましたし、営業の仕事が面白くなりました。

　でも、こんなに素晴らしいテクニックがたくさんあるのに、それらを教わる機会はあまりないのが現状ではないでしょうか。だからこそ、この本は「**テクニックの紹介に特化した図鑑のような本**」にしました。

　私は実践にこだわる企業専門の研修トレーナーです。結果が出ているテクニックしか紹介しません。ぜひ、お試しください。

　本書で紹介しているテクニックを実践していけば、「営業ほど、クリエイティブな仕事はない」——そんな世界を、楽しんでいただけると信じています。

　2023年3月
　　（株）らしさラボ　代表取締役　研修トレーナー　伊庭正康

目 次

はじめに

CHAPTER 1

営業の基本

アプローチ編

会話編

CHAPTER 4

商談の流れ編

CHAPTER 5

顧客・会社理解編

CHAPTER 6

時間管理術

CHAPTER 7

モチベーション管理術

カバーデザイン　山之口正和（OKIKATA）　　本文デザイン・DTP　初見弘一

営業の基本

● 営業の「考え方」の基本

● 目標へ向かうための「逆算思考」

● 効果的な「目標達成」の手法

成果を出すための「営業力の方程式」

「足で稼ぐのみ」では、トップセールスにはなれない

　営業は、「足で稼げ」「量をこなせ」と言われがちですが、そうとも言い切れません。あなたの周りのトップセールスにも、それほど多くの訪問をしているわけではない人はいませんか？

　なぜ、訪問数が多くなくても成果が出るのかは、「はじめに」でも紹介した「**営業力の方程式**」を知るとスッキリします。

営業力（販売力）= 行動力 × 実力 × 営業基盤

　営業を始めたばかりの頃は、「**行動力**」（商談量）で勝負することになります。スキルも営業基盤もないからです。いうなれば「**足（量）で稼ぐステージ**」。最初は大変かもしれませんが、最初は「量」だと割り切ってください。

　しかし、商談量を増やすにも限界があります。商談量が増えればその分、お客様の対応にも時間がとられるようになるからです。そこで次に勝負どころとなるのが、「**実力**」（商談スキル）です。限られた商談からの契約率を高める「**効率のステージ**」に移行します。

　さらに次のステージが待っています。それが「**営業基盤**」です。営業基盤を持っていれば、多くのリピートをいただけますし、紹介もいただけるようになります。私は、「**お客様のパートナーになるステージ**」と呼んでいます。

もちろん、業種にもよりますが、多くのトップセールスは、このステージにいると考えて間違いないでしょう。

■ 営業力の方程式

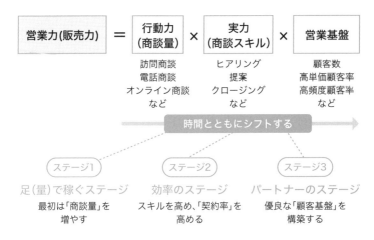

● 「量」で稼ぐのがしんどいのは、営業の初期段階だけと割り切ろう。

● 営業の経験が上がるにつれ、次第に対応に追われ、時間がなくなるはず。そうなったら「量」での勝負から「効率」を高めるゲームへ移ろう。

● トップセールスは、「売れる顧客基盤」をつくるための取り組みに注力する。あなたも、担当するお客様の信頼を勝ち取る努力をしよう。

契約率を高める
「商談の流れ」

「商品を売る」発想では、営業は務まらない

　前項で、営業は「量」から「効率」に転換することが重要だとお伝えしました。「効率」を高めるためには、特別な能力が必要と思われたかもしれませんが、実はそんなに大げさなことではありません。まず、押さえておくべきは、契約率を高める「**商談の流れ**」を知ることです。それがこれ。

ラポール ⇨ ヒアリング ⇨ プレゼン ⇨ クロージング

　会社や業種によって、多少呼び方が違うことはあるかもしれませんが、商談は、この流れで行うのがセオリーです。

　「**ラポール**」は商談の最初のイントロです。ヒアリングでいろいろと教えていただくためには、話しやすい空気をつくることが大事。打ち解けるための「ほんの少しの雑談」だと考えてください。

　次が「**ヒアリング**」です。お客様の状況や課題を伺います。ここで重要となるのは「御用」や「予定」を聞くだけでなく、お客様の「お困りごと」または「願望」を伺うことです。「本当はこうしたいけど……」とおっしゃっていただくためのヒアリングを展開します。

　次が「**プレゼン**」です。商品の案内ではなく、あなたが担当する商品やサービスを使うことで、ヒアリングで伺ったお客様の「お困りごと」「願望」を解決できることを伝えます。

　最後が「**クロージング**」です。「契約書をいただいてもよろしいですか？」と締めくくります。

即決でラポールからクロージングまでもっていく業種もありますし、数カ月かけてじっくり行う業種もありますが、大きくはこの流れになります。

■ 商談の基本ステップ

ラポール

いきなり本題にはいると、ヒアリングでお客様から多くの情報を教えてもらいにくいことがある。軽い雑談をするのがセオリー。

お会いできて光栄です。入口のお花がキレイで癒されておりました。いつも飾られているのですか？

ヒアリング

御用や予定（顕在ニーズ）を聞くだけではなく、お客様が気になっているお困りごと、願望（潜在ニーズ）を伺う。

気になることがあるとすれば、どのようなことでございますか？

提　案

商品の案内ではなく、その商品を利用することで、お困りごと、願望がクリアできることを提案する。

対策を紹介させていただきます。やり方は、簡単でして、このように…

クロージング

結論を待つのではなく、営業から伺う。クロージングが意思決定を促す。

お急ぎとのことですので、よろしければ、この方向で進められるのはいかがでしょうか？

ONE POINT

- 商談時、どのステップにいるのかを把握しながら進めよう。
- 商談はラポールからクロージングまで一方通行。お客様が途中でステップを戻すような会話をされても流れを止めず、あとで戻す。
- 課題解決型の提案は、ヒアリングが重要。

信頼を得るための「アフターフォロー」

「しょせん、営業だから……」と思われていないか？

　営業は、契約をいただくことがゴールではありません。信頼を得るにはアフターフォローが不可欠です。「商品は届いたが、使い方がわからない」「想像と違った」「どこに聞けばいいのかな……」。このように、**お客様の商品に対する「熱量」（お困りごと）は、購入後のほうが高まることが多い**からです。

　しかし、**契約までは熱心だったのに、その後のフォローが不十分な営業は少なくありません**。「しょせん、売るだけの営業だね」とお客様から思われたら、リピートも紹介もいただけなくなるので、こういったことは絶対に避けなければなりません。

　まず、**お客様からの信頼を得るためのセオリーを押さえておき**ましょう。

　契約前の熱量　＜　納品後の熱量　⇨　信頼される営業

　でも、「忙しいのでフォローをする時間がない」と思われたかもしれません。だとしたら、**フォロー不足だから忙しくなっている**、とも考えられます。「リピートでいただく受注」のほうが、「自らが開拓する受注」よりも、コスト（手間）を6分の1に抑えられるとの研究もあります。だとしたら、**リピート率を高める、または、紹介数を増やす営業をしたほうが、短時間で結果を出せる**というわけです。

　私自身もそのことを実体験で感じています。前職の会社で、残業することなく、通期全国1位の表彰を2年連続で受賞する機会があったのですが、思えば恵まれた「顧客基盤」のおかげでした。

　アフターフォローで「気にかけてくれてありがとうね」「そこまでやってくれるんだ、助かる」と思っていただく行動を心がけることが、恵まれた顧客基盤をつくるための、賢い選択なのです。

■ 信頼を得る「営業の熱量」の法則

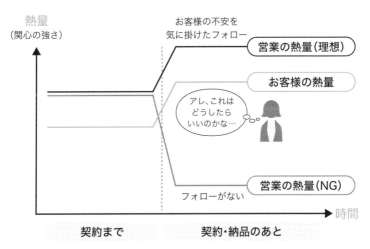

ONE POINT

● 納品後、「いつ」「どんな」お困りごとが起こるかを考える。

● お困りごとに対して、どんなアフターフォローをするのかを決める。

● アフターフォローすることを決めたら、それを実行に移すために、予定に入れる。

お客様が抱く「価値の4段階」とは?

「期待に応える」と「期待を超える」の違い

「お客様の期待に応えなさい」と上司や先輩から言われた方も多いでしょう。でも、営業は、それでだけでは足りません。**お客様の期待を"超える"ことをしないと、高い評価はいただけない**からです。お客様が抱く「**価値の4段階**」を知れば、どうすれば高い評価をいただけるかがわかります。

1　基本価値

お客様との約束を守る**最低限の価値**。反故にすると、クレームになる。納期、アポイント、商品を間違えないなど。

2　期待価値（期待に応えるレベル）

約束をしていないが、「これくらいは、やってほしい」と**当然にして期待する価値**。反故にすると、不満を覚えるレベル。感じの良い接客、わかりやすい説明、その場で質問に答える、最新情報を提供するなど。⇨ 多くの営業がこのレベル。

3　願望価値（期待を超えるレベル）

「あれば嬉しい」——そんな**願望に応える価値**。反故（はご）にしても不満にはならないが、提供することで高い評価をいただける。例えば、納品後のお客様側で起こりえることを想定し、気を利かせた行動をとる（使用方法の勉強会の実施など）、事情を察してくれる（「○○さんにも一緒に入ってもらったほうがよくないですか？」と提案する）など。⇨ 営業として目指すレベル。

4 予想外価値

「なぜ、ここまでやってくれるの？」と**驚かれるレベルの価値**。「費用をいただかずに手厚い特別なサービスをする」「満足できなければ返金」など。⇨ ここまでやる必要はないことが多い。

さていかがですか？　あなたの営業は、どのレベルでしたか？また、あなたが勤める会社の営業はどのレベルですか？

営業は「願望価値」に応えることが鉄則です。たとえ、期待価値を100回提供してもそれだけで評価はしてもらえませんが、**願望価値なら3〜4回提供するだけで「すごいね」と評価していただけます**。投資対効果を考えても、押さえておきたい点です。

■「価値の4段階」とは？

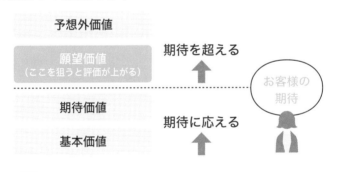

ONE POINT

- お客様の期待を超えるレベルの行動をしよう。
- 「願望価値」はお客様の立場になって「三手先」を読むと想像しやすい。

逆算思考❶
目標達成に不可欠な
「逆算思考」

「気合い」「根性」で達成できるほど、営業は甘くない

　営業には必ず、「目標」「ノルマ」「予算」が課されます。コツコツがんばっても、未達成になることはないでしょうか？　だとしたら「逆算思考」が、解決してくれます。

　逆算思考とは、**目標から逆算をし、「今日はどこまでやればいいのか？」と落とし込んで考える**ことです。手順は、以下のようになります。

Step1　目標と現状（売上）の**ギャップを把握**する。

Step2　**マイルストーン（中間目標）を設定**する。

Step3　残された営業日数を考慮し、日商、週商、月商など、**細分化した自主目標を決める**。

私が求人広告の営業をしていた時の例を紹介しましょう。

▌1　ギャップを把握

- 3カ月の営業目標が3,000万円、現状の売上300万円
- つまり、この時点でのギャップは2,700万円

▌2　次にマイルストーン（中間目標）を設定

- 最初の1カ月（今月）で1,200万円まで到達
- 2カ月（翌月）で2,200万円まで到達
- 3カ月で3,000万円に到達

3 ここから、細分化した自主目標を設定

- 今月の目標は1,200万円
- 現状売上は300万円。差額は900万円
- 今月の残された営業日数は15日
- 900万円÷15日で達成に必要な日商を計算する→「1日60万円」売り続ける対策が必要になる

　このように考えていくと、「思った以上にラクではないぞ」と気づくことにもなります。もちろん。事業によっては、日商ではなく、月商などのほうがイメージしやすい場面もあるでしょう。そのあたりは適宜、調整してください。

■ 逆算思考の考え方

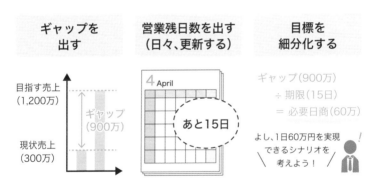

ギャップを
出す

営業残日数を出す
（日々、更新する）

目標を
細分化する

目指す売上
（1,200万）

ギャップ
（900万）

現状売上
（300万）

4 April

あと15日

ギャップ（900万）
÷ 期限（15日）
＝ 必要日商（60万）

よし、1日60万円を実現
できるシナリオを
考えよう！

ONE POINT

- 目標が決まったら、可能な限り細分化をしよう。
- 細分化することで、「今、やること」が鮮明になり、あとで慌てることがなくなる。

「達成シミュレーション」を立てる

行き当たりばったりでは、確実な達成は難しい

　逆算思考は、前項で紹介したこと以外にも、まだやることがあります。「**達成シミュレーション**」を立てることです。

　"手なり"（今のやり方のまま）で努力すれば達成できるのか、それとも、新たな対策が必要なのかを考えるのです。手順を説明しましょう。

Step1　"手なり"の売上予測を出す。

　　　　新たな**対策を講じない時の予測**を立てる。

Step2　不足を埋めるシナリオを決める。

　　　　達成が難しそうなら、**新たな対策を決める**。

Step3　自然減耗分も予測しておく。

　　　　想定される**減耗分を引く**（景気変動、需要の変化など）。

　例えば、前項の続きで、私が求人広告の営業をしていた時の例で説明しましょう。

- 営業目標：3,000万円
  ↓
- "手なり"の予測：2,000万円
  ▶ 1,000万円の不足が、生じる計算……Step1
  ↓
- 2つの新たな対策を講じる。この時点では、妄想でOK。

対策Ａ：1,200万円　　対策Ｂ：700万円

　▶合計1,900万円の新たな対策を講じることに。……Step2

　↓

• まだ不安なので、景気の悪化を見込み、減耗を加味。

　▶自然減耗：▲300万円……Step3

　与えられた目標が、そのままではがんばっても達成が難しいものになってはいないでしょうか？　がんばりだけで目標を達成しようとせずに、期初に達成できるシミュレーションを立てておきましょう。

　また、図のように、**エクセルのウォーターフォール（グラフとして用意されている）で整理すると、よりイメージをしやすくなる**ので、お勧めです。

■ **最初に、達成シミュレーションをつくれば安心**

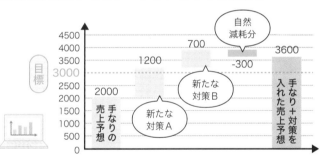

ONE POINT

● 机上でいいので、「何をすれば達成できるか」を事前に整理する。

● 視覚のほうがイメージできる人は、シミュレーションをグラフにするのもお勧め。

逆算思考❸

営業活動における
リスクマネジメント

「想定外」を「想定内」にしておくために

　逆算思考について、まだ、やることはあります。**「想定外」**のリスクを**「想定内」**にしておくことです。どの会社にも、目標を外さない人はいるものですが、彼らに共通する要素として、**リスクマネジメントができている**ことが挙げられます。

　「もし、お客様の予算が削減されたら」「景気悪化で厳しくなったら」など、リスクは考えるほどに出てくるもの。その中でも、**「発生確率が高く」「影響が大きい」**ものに絞り、対策を講じておきましょう。では、やり方を紹介します。

Step1　まず、思いつく限りの**リスクを書き出します。**

Step2　その上で対策を講ずる**リスクを絞ります。**
　　　　※時間は限られています。アレもコレも対策を講じるわけにはいきません。発生確率が低いものは、割愛してもいいでしょう。

Step3　**「予防策」**と**「事後対処」**を考えておきます。
　　　　※1人では思いつかない場合、同僚や上司の意見を聞きながら、考えてみるのもお勧めです。

　あるトップ営業のケースを紹介しましょう。彼は、10年以上にわたって、1回も目標を外したことがない猛者。彼の動きは、期初から違っていました。

　「ライバルの同業が、格安企画で攻め込んでくる可能性をキャッ

チしています。まず、新企画として●●をリリースすることで、囲い込みをしたいと考えています。もし、それでもスイッチされてしまった場合は、すぐに取り戻すために、●●を用意させてもらえないですか？」

このように、期初からリスクとその対策をすでに考えているのです。京セラの創業者、稲盛和夫氏が述べた、「**楽観的に構想し、悲観的に計画し、楽観的に実行する**」という名言がありますが、営業も例外ではないことを理解していただけるのではないでしょうか。

■「想定外」を「想定内」にしておく

想定されるリスクを挙げる	対象を絞る		予防策と、事後対処策を決める	
想定されるリスク	発生確率	影響度	対策の対象	予防策	事後対処
主要客「A社」の予算削減	1	2		—	—
主要客「B社」の予算削減	2	3	★	今月に、予算の会話をしておく	別部署の予算を合算できる企画を提案する
対策Aを提案しても興味を持ってもらえない	3	3	★	お客様の声を動画として作成する	経営陣、現場のキーマンの意見を伺う
対策Bを提案しても興味を持ってもらえない	1	3		—	—
新たな予算の捻出は難しいと言われる	1	3		—	—

ONE POINT

- 達成の確率はリスクマネジメントによっても決まる。
- リスクマネジメントで「想定外」のリスクを「想定内」のものにしておこう。

結果を出せなかった 「ロス要因」に着目する

"やりっぱなし"になっていないか？

目標の達成に向けての対策を決めたら、いよいよ実行です。しかし、この段階で多いのが"やりっぱなし"の問題。「10件の商談をした」「300通のDMを送った」「セミナーをした」——こんな状態で終わってしまうと、効率的な営業にはなりません。必ず、**検証の機会を持ち、次の改善策を考える**ようにしましょう。

知る人ぞ知る、お勧めのセオリーを紹介しましょう。「**ロス要因**」に着目してみるのです。短時間で確実な結果を出せるようになるはずです。「**ロス要因**」とは、うまくいかなかった要因のことです。「アポイントを断られた要因」「商談をしたのに、契約に至らなかった要因」「見込んでいた売上が入らなかった要因」などが挙げられます。

例として、「商談をしたのに、契約に至らなかった要因」を検証するケースでみてみましょう（右ページ図）。この図をもとに整理すると、以下のようにロス要因を検証することができます。

- 「**商談から契約に至らない率**」を確認。今の状態は70%。つまり、商談を100件すれば、70件がロスする計算。
- 次に、「**ロスしてしまった要因**」に着目。
  すると、「ニーズがあるのに、予算が合わず」が、大きなロスの要因になっていることが判明。計算すると、70件のロスのうち、34件がこの理由に該当。
- もし、改善策を入れることで、この34件の全てが契約に至れば、商談からの契約率は、30%から64%に大幅に向上。仮に、

半分しか結果が伴わなかったとしても、契約率は30%から47％に大きく改善。

このように、**あとで検証をする流れ**をつくってみてください。「そんなの、感覚でもできる」と思ったら大間違い。感覚でできる人は、一部の天才だけと割り切ったほうがいいでしょう。きちんとロス要因を検証すれば、誰でも営業の効率が飛躍的に向上します。

■「ロス要因」を検証すれば、すぐに契約率は上昇する！

ロスの要因を記録しておく プルダウン式にしておくと手間が省ける

商談先	ロス要因	備考
A社	1 ニーズあり（予算合わず）	
B社	2 ニーズあり（商品信頼不足）	
C社	1 ニーズあり（予算合わず）	
D社	6 ニーズなし（タイミングの問題）	
E社	―	

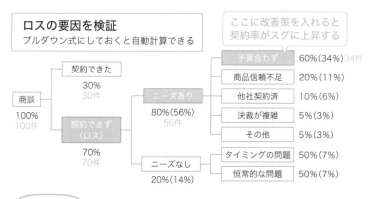

ロスの要因を検証
プルダウン式にしておくと自動計算できる

ここに改善策を入れると契約率がスグに上昇する

商談
100%
100件

契約できた
30%
30件

契約できず
（ロス）
70%
70件

ニーズあり
80%（56%）
56件

ニーズなし
20%（14%）

予算合わず　60%（34%）34件
商品信頼不足　20%（11%）
他社契約済　10%（6%）
決裁が複雑　5%（3%）
その他　5%（3%）
タイミングの問題　50%（7%）
恒常的な問題　50%（7%）

ONE POINT

- ロス要因を記録しておこう（エクセルでOK）。
- 大幅な改善が見込めるロス要因をあぶり出そう。
- ロス要因への改善策を決めて、次の営業活動へ。

TECHNIC 9

「ピュアセールスタイム」は営業活動に集中する

準備に時間をかけすぎていないか?

何事も準備周到であるに越したことはないですが、営業の場合はそうとは言い切れません。特に、**ピュアセールスタイムの時間は、探客活動や商談、アフターフォローに奔走することが、より多くの契約を獲得し、お客様との良い関係を築く絶対条件**だからです。

ピュアセールスタイムとは、営業活動にあてられる時間のこと。一般的な業界では、9時から18時くらいまででしょう。しかし、業界によって異なります。例えば、お客様が建築関係なら朝の8時からの場合もあります。飲食店のお客様だと、10時半から17時くらいだったりします。

ですので、ピュアセールスタイムにやってはいけないことは明確です。この時間帯に、ずっと企画書を作成し続けている、または社内の打ち合わせに時間をとられてしまうことはよくある光景です。行く前の準備に時間をかけすぎてしまう人もいます。

もちろん、準備も必要ですし、時には社内の根回しが必要なこともあるでしょう。ただ、その時間を最小限に済ませる努力が求められるということなのです。

私のお勧めの準備方法は、**出勤するや否や、「行ってきます」と事務所を出られる状態にしておく**こと。もちろん、すぐに事務所を飛び出しましょう、ということではありません。お伝えしたいのは、「出られる状態にしておく」ということなのです。私は鞄に

すべてを入れておく方式でしたが、タブレットだけで営業を完結してしまう「身軽さ」を重視している人もいます。すぐに行ける状態であれば、どちらでも結構です。

そして、大事なことがもう1つ。**お客様との関係構築、また契約に貢献しない行動を最小限にすることを意識してみてください**。その行動を増やせば、よりお客様との関係が良くなるか、または自身の業績が上がるか──この観点で考えるといいでしょう。企画書の体裁を美しくしても、それが結果に影響しないなら、その過程は削減しましょう。

もちろん、何を削るかは、1人では決められないこともあります。その場合、まずはできる範囲でやってみましょう。

■ ピュアセールスタイムは、営業活動にあてる

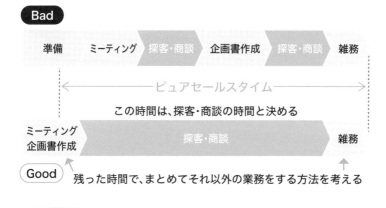

ONE POINT

- ピュアセールスタイムは、探客活動や商談にあてる。
- 朝の準備は最小限で済ませられるようにする。
- 結果に影響しないことは、可能な限り、削減する。

「リーン・スタートアップ」でより良い方法を探る

現状打破を考えるなら、「小さな実験」を繰り返せ！

　私は、営業ほどクリエイティブな仕事はないと思っています。自分のアイデアやちょっとした工夫を反映することができる職種だからです。もちろん、内容によっては上司の許可をとる必要もあるでしょう。とはいえ、それでも、**営業は「小さな実験」を楽しめる職種**だと実感しています。

　もし、あなたが「アイデアはあるけど、上司がOKをくれるかわからない……」と思ったら、「**リーン・スタートアップ**」で提案してみてください。

　リーン・スタートアップとは、多くの新規事業が生み出される、アメリカのシリコンバレーが発祥のメソッドです。「"海のものとも、山のものとも"わからないけど、やってみないと結果を知ることができない」——そんな時に使う、"迅速に小さく実験する"事業開発の手法です。リーン・スタートアップのステップは、以下のようなものです。

Step1　アイデアや工夫を**カタチ**にする（プロトタイプ）。

Step2　リスクのない範囲（期間、範囲など）で実験し、その結果を**検証**する。

Step3　本格的に稼働するか、やめるか、再実験するかを**見極める**。

　私も営業の新人時代に、新規開拓に苦戦をしていた時期がありました。そこで考えたのが、人柄をアピールする「手書きの営業

ツール」です。上司からは、難色を示されたものの、「実験させてください」と直談判。1カ月だけやってみることに。すると、翌月の新規開拓において、成果が10倍以上になったのです。

こんなささいなことでも、結果が大きく変わることもあるもの。ぜひ、リーン・スタートアップを取り入れてみてください。

■ リーンスタートアップ

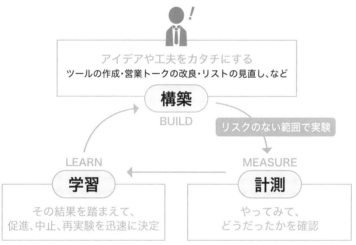

リスクのない範囲で、
小さな実験をスタートさせる

アイデアや工夫をカタチにする
ツールの作成・営業トークの改良・リストの見直し、など

構築
BUILD

リスクのない範囲で実験

LEARN
学習
その結果を踏まえて、
促進、中止、再実験を迅速に決定

MEASURE
計測
やってみて、
どうだったかを確認

ONE POINT

- 今のやり方を踏襲するだけでは、営業として爆発的な結果は出せない。
- "もっと良い方法はないか"と常に実験し続ける姿勢を持とう。

CHAPTER 2

アプローチ編

この章で紹介するテクニック

● 見込み客を見つける「新規開拓」

● 「テレアポ」を無理なく進める方法

● お客様との距離を縮める「電話での関係構築」

● 無視されない「営業メール」の書き方

● 会えない時代の「飛び込み営業」のコツ

11
購入へ誘導させるための「リード・ナーチャリング」

見込み客を「育てる」にはどうしたらいいか？

「何件のアプローチをしたか？」と営業現場では言われがちですが、すぐに契約に至るお客様は一部でしょう。断られ続けた揚げ句に、リストが枯渇してしまうことはないでしょうか？　だからこそ、**即決ではなく、長期の視点で、見込み客の購買意欲を高め、購入に誘導する「リード・ナーチャリング」の手法**が注目されています。「リード」とは見込み客、「ナーチャリング」とは育てることを指します。前後のステップを含めて解説しましょう。

Step1　**「見込み客」の獲得**

専門用語で「リード・ジェネレーション」と呼ばれるステップ。ホームページの資料請求、展示会、テレアポ、営業活動等で接点をつくる。

Step2　**「見込み客」との関係を育てる**

「リード・ナーチャリング」と呼ばれるステップ。「ちょうど、知りたかった」と思われるベストタイミングで、メールや電話で情報提供をするなどして、関係を構築する。

Step3　**ニーズの「熱いところ」を抜き出し、商談をする**

「リード・クオリフィケーション」と呼ばれるステップ。「ニーズがありそう」な見込み客を"ホットリード"として選別し、確実に商談を設定する。

ポイントは、**感覚ではなく、計画的に実行する点**です。お客様から「ちょうど、知りたかった」と思われるようなタイミングで情報提供をできるよう、リード・ナーチャリングの考え方を日々の営業活動に取り入れてみてはいかがでしょうか？

■「即決」ではなく、「育てる」営業を目指す

見極め

育成

獲得

テレアポ、名刺交換、展示会、Web広告、Webセミナー等

メールや電話、Webの情報提供などを通じて、関係をつくる

「ニーズがありそう」な見込み客を"ホットリード"として選定し、アプローチ

契約

ONE POINT

- 即決が難しいからこそ、接点を持ったらリード・ナーチャリングを意識して、継続的な関係へつなげる。
- タイミングを見計らい、ベストタイミングで情報を提供し、連絡をすることで「気の利く特別な存在」になる。
- リード・ナーチャリングの過程で、漏れなくニーズを把握し、確実に商談を行う。

12
契約率を高める
効率的な「リストの絞り方」

属性で分けて、ターゲットを明確にする

　新規開拓を行う際、最も重要なのが、「**リストを絞る**」ことです。実際、正しく絞ることができれば、スキルを高めずとも、2〜3倍くらいは新規開拓力を上げることができます。いくつかの絞り方がありますが、簡単な手法は、感覚で絞るのではなく、「**契約率」の高い属性に絞る**方法です。

　例えば、1,000件の架電（かでん）をしたとしますね。そこから30件の受注に至ったとします。つまり、架電からの契約率は3％。まずは、この3％という数字を基準にして考えます。

　この数字を下まわる属性をリストから削除すれば、「契約率の高いターゲットに絞れる」わけです。

　次に、リストを"属性"に分けて検証する方法を紹介しましょう。属性とは、「業界別」「規模別」「他社利用実績別」などの「●●別」で区分することを指します。

　一例として、「他社利用実績別」で属性を検証して、以下のようになったとしましょう。

- A社を利用している……契約率5％ ⇨ ココを対象に！
- B社を利用している……契約率2％
- C社を利用している……契約率1％

この場合、契約率3％以上をターゲットにすると、「A社を利用

している」属性に絞ることになります。

さらに次の切り口として、「業界別」で属性を検証して、以下のようになったとしましょう。

- 業界 α ……契約率 8 ％ ⇨ ココを対象に！
- 業界 β ……契約率 2 ％
- 業界 γ ……契約率 1 ％

この場合は「業界 α」だけに絞ることになります。

なおこの時、**絞りすぎを予防するため、「AND」（かつ）ではなく「OR」（または）で絞ってください。**つまりここで紹介した事例ですと、「A社を利用している」「業界 α」の両方の属性に、それぞれアプローチするということになります。

■ リストを絞るだけで、新規開拓力は 2 〜 3 倍 UP する

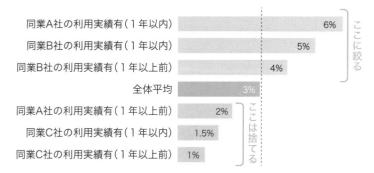

ONE POINT

- リストは「どこを捨て」「どこに絞るか」を明確にする。
- リストは「AND」（かつ）ではなく「OR」（または）で絞る。

無理なくテレアポを進める「適正架電数」の出し方

がんばっても達成できない"負け戦"を避ける

　テレアポの架電数はどのくらいがベストなのでしょう。中には、いくらがんばっても目標に届かない設計になっている職場もあります。こうなると、「負け戦」をしているようなもの。そうならないためにも、まずは**適正架電数**を明確にしておきましょう。適正架電数は、次の2つのステップで決めます。

Step1　目標に届く「**架電目標**」を設定

Step2　さらに、「**1時間あたりの必要な架電数**」を計算して、無理な架電数になっていないかを検証

　1日に1件の契約をすることを目標に掲げる営業のケースを例に挙げて説明していきましょう。

契約目標　　1日1件

達成シナリオ　架電目標……1日100件

　　　　　　アポ目標……3件（アポ率3%）

　　　　　　契約目標……1件

　この設計の場合、100件の架電をすれば目標に届く計算になっていますのでStep1はOKです。次はStep2の「1時間あたりの必要な架電数」を計算します。1日に4時間を架電に費やすとしましょう。その場合、次のようになります。

適正架電数	1日100件 ÷ 4時間 ＝ 1時間あたり25件

このケースでは、「1時間あたりの架電数」は25件となります。でも、これが「無理な設計」だといけません。**社内のハイパフォーマー、もしくは世の中の1時間あたりの"架電数の相場"と照らし合わせる**といいでしょう。

架電数の相場
- タイミングキャッチ型の架電 ⇨ 1時間あたり35 〜 45件
- 継続アプローチが前提の架電 ⇨ 1時間あたり20 〜 25件
　　　　　　　　　　　　　　　　　　（対話が必要なため）

相場に照らし合わせると、「継続アプローチが前提」の場合、1時間あたり25件という架電目標は、無理のない目標になっていることがわかります。これより高いと、無理のある設計となり、逆に低いと余裕があるというわけです。

ぜひ、あなたの営業活動が「適正架電数」になっているかの確認をしてみてください。

■ 適正架電数のチェック方法

1	目標に届く設計になっているか？	2	無理のない設計になっているか？

ONE POINT

- テレアポをする際は、目標から逆算して1時間あたり架電数が適正かどうかを検証しましょう。

「スクリプト」を活用して
アポイント率を高める

「アドリブでも会話はできる」は NG

　テレアポをする際の台本のことを「スクリプト」といいます。ここでは、アポイント率を高める「**スクリプトの3条件**」を確認しておきましょう。

冒頭……効果のあるガチャ切りの「**切り返しトーク**」を記載
中盤……断られても、2回以上は「**粘るトーク**」を記載
後半……アポがとれずとも、「**見込み客化するトーク**」を記載

　では、冒頭のガチャ切りの「**切り返しトーク**」から解説します。
　「営業はお断りしています」
　「他社を使っているので結構です」
　「予定がないので、結構です」
　これらの"想定される拒否"に対する、効果のある「切り返しトーク」が記載されていればOKです。切り返しトークの基本については、別の項（46ページ）で解説します。

　次は、中盤の「**粘るトーク**」についてです。あっさりと引き下がっていてはアポイントをとれません。
　「資料だけ送ってください」
　「忙しいので、また連絡しますよ」
　これらに対しては、「**説明が至らず申し訳ございません。必ず、お役に立つ情報と自負しております。一度、ご挨拶かたがた、ご覧いただくのはいかがでしょうか？**」と粘ります。

それでもNoと言われたら、「きっとご満足いただける情報と自負しております。お時間をおとりしませんので、いかがでしょうか？」など、さらに粘るトークの記載があればOKです。

そして、3つ目の後半については、アポイントがとれなかった際、継続フォローに向けて、「**案内の送付**」「**定期連絡**」をすることの**合意**、加えて、「**アドレス**」を教えてもらうトークの記載があればOKです。

自己流のトークでは、先方の厳しい言葉に押されてしまい、しどろもどろになってしまうことは多いもの。スクリプトがあれば、冷静になれますので、用意しておくことをお勧めします。

■「最強のスクリプト」を用意して架電に臨もう

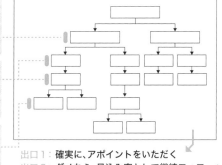

・営業は結構
・他社で付き合いがあるので
・忙しいので結構
の切り返しトークの記載

・先に資料を送って
・今は忙しいので会えない
と言われた際の
粘るトークを記載

アポがとれなかった際、
継続フォローの承諾を得る
トークの記載

出口1：確実に、アポイントをいただく
出口2：ダメなら、見込み客として継続フォローへ

ONE POINT

● テレアポで自己流は危険。まず、スクリプトを用意する。

●「スクリプトの3条件」を反映させた台本を用意する。

TECHNIC 15

「1時間あたりの架電数」を増やすコツ

「電話営業」と「テレアポ」の違いとは？

テレアポと電話営業は似ていますが、いわば別のゲームです。

テレアポは、タイムトライアル。つまり、**「限られた時間で、より多くのアポイントをいただく」ゲーム**です。ゆえに、ゲームに勝つためは、"余計な会話はせず、手短にアポイントをいただく"ことが勝利の鍵となります。

一方で、**電話営業はシミュレーションゲーム。「仮説を立てた上で電話をし、契約を成立させる」**ものです。なので、コミュニケーションを通じて、"ニーズを引き出す対話"が必要となりますので、電話の時間は自ずと長くなります。

ここを理解しておかないと、テレアポでの架電数が不足してしまいます。ここでは、テレアポで「短時間に多くの架電をするコツ」を整理しておきましょう。それが、次の3つ。

---

❶ 余計な会話をしないため、スクリプトに従う。

❷ 受話器を置いてから、次の電話をかけるまでの「タイムラグ」を最小限にする。

❸ テレアポをする時間は集中する（中断を入れない）。

例えば、次のようなケースは参考になります。

ある会社は、1日4時間をかけて1人あたり40件しか架電ができていませんでした。でも、「スクリプトを使う」「次の電話をかけるまでのタイムラグを最小にする（メモの記入を最小限に）」

「決めた時間は中断をしない（メールチェックの禁止など）」。この3つを実行しただけで、1人あたり80件まで架電が増えました。

テレアポをする際は、「電話営業モード」ではなく、「手短に多くのアポ」をとるモードに切り替えておきましょう。

■ テレアポでは2つの「最短化」を意識する

架電　　　　タイムラグ　　　　架電

① 1回あたりの会話
を最短化させる

② 次の架電までのタイムラグ
を最短化させる

スクリプトに従えば
会話が脇道にそれず、
短時間でアポイントがとれる

あらかじめリストを用意し、
メモの記入を迅速にする

ONE POINT

● テレアポをする際は、スクリプトに従う。

● 受話器を置いたら、すぐ次の架電を。

● テレアポは、邪魔が入らない環境で集中して行うのがベター。

「ガチャ切り」されない効果的な切り返し方

最初の15秒で警戒心を取り除く方法

　テレアポをしていて最も悩ましいのが、取り付く島もなく、「**ガチャ切り**」されることではないでしょうか。この「ガチャ切り」に対抗する切り返しトークは、ぜひとも用意しておきましょう。ポイントは、次の3つのステップで対応することです。

お客様の声

「営業は結構です」「忙しいので結構です」など

↓

切り返し

Step1　**お詫び**をすることで、警戒心を解いてもらう。

　例：「申し訳ございませんでした。うまく説明できていないことをお詫び申し上げます」

Step2　相手の名前を添え、**目的**を伝える。

　例：「実は、●●様にお電話をさせていただきましたのは、■■と拝察いたし、お役に立てるお話ができるかと思い、連絡をいたしました」

Step3　その上で、**メリット**を伝える。

　例：「■■のお話もお伝えできると存じております。ほんの少しで結構でございます。よろしければ、お話をさせていただいてもよろしいでしょうか?」

特に重要なのは、「■■」の箇所です。ここを考えておくことで、「ランダムに**適当にかけまくっているのでしょ**」と思われることへの**予防線**にもなります。

　テレアポを雑にやれば、お客様からもやはり雑に対応されてしまいます。「ガチャ切り」されても仕方ありません。しかし、こちらが丁寧に伝えれば、丁寧に返してくださるものです。
　ぜひ、ガチャ切りされずに、適切に切り返すトークを用意しておきましょう。

■ ガチャ切り突破の３ステップ

ONE POINT

・丁寧に話せば、ガチャ切りをされにくい。
・「結構です！」と言われたら、「お詫び」「目的」「メリット」３つのステップで切り返す。

「キラークエスチョン」で
形勢を逆転させる

全く関心を示さないお客様へ効果的なひとこと

　テレアポで「ガチャ切り」を切り抜けたとしても、まだ安心はできません。「関心」を持ってもらっている状況ではないからです。そこで、とっておきの方法を紹介しましょう。**お客様に「まぁ、言われてみれば……」と返答してもらう質問を用意しておく**のです。これだけで、その後も会話が自然な流れで続きます。この質問が**お客様に「関心」を持っていただく「キラークエスチョン」**となるからです。こんな感じでやってみましょう。

お客様：「決まった業者にお願いしているので、結構です」

営　業：「そうでございましたか。そうとは知らずに、失礼をいたしました。お付き合いが長いのですか？」

お客様：「まあ、そうです」

営　業：「では、安心でございますね」

お客様：「そうですね」

営　業：「だからこそ、ぜひとも伺いたいのですがよろしいでしょうか？」

お客様：「え、はい……」

営　業：「ということは、●●に関しては、将来を見据えた上でも、万全ということでございますか？」

お客様：「えー、そう言われると、何とも言えないかな……」
　　　　（形勢逆転の瞬間）

営　業：「失礼をいたしました。どのような不安が、あるのでしょうか？」

いかがでしょう？　このように、お客様が「言われてみれば……」と返事をするような質問をこちらからすることで、形勢が逆転するのです。

この場合は、「●●に関しては、将来を見据えた上でも、万全ということでございますか？」が、それに該当します。

ほかにも、「私どものお客様もおっしゃるのですが、●●といったことはございませんか？」のようなトークも効果的です。対話のチャンスが広がること間違いなしです。

■ 形勢逆転のキラークエスチョン

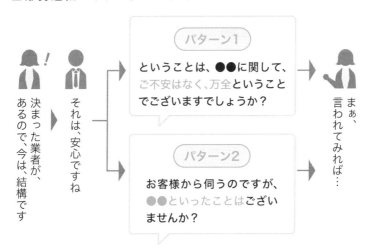

決まった業者が、あるので、今は、結構です

それは、安心ですね

パターン1
ということは、●●に関して、ご不安はなく、万全ということでございますでしょうか？

パターン2
お客様から伺うのですが、●●といったことはございませんか？

まぁ、言われてみれば…

ONE POINT

・「●●は万全ということでしょうか？」「●●といったことはございませんか？」──このような言葉が形勢逆転のキラーパスとなる。

テレアポ❻

思わぬ本音を聞き出す
「イエス・セット法」

最初に"小さなYes"をたくさんいただこう

　お客様は、なかなか本音を言ってくださらないものです。本音を教えてほしい時は、**小さな"イエス"**(「そうです」「はい」)**を繰り返しもらう質問**から入るといいでしょう。このテクニックのことを「**イエス・セット法**」といいます。「はい」と繰り返して答えてもらうと、聞き出しにくい質問にも答えてもらえるようになるというものです。

　実は、前項の会話でもイエス・セット法を使っていました。改めて確認してみましょう。

　イエス・セット法を用いた会話

お客様：「決まった業者にお願いしているので、結構です」

営　業：「そうでございましたか。そうとは知らずに、失礼をいたしました。**お付き合いが長いのですか?**」

　　　　　※最初の「Yes」をもらう質問

お客様：「まあ、そうです」(Yes)

営　業：「では、**安心でございますね**」

　　　　　※次の「Yes」をもらう質問

お客様：「そうですね」(Yes)

営　業：「だからこそ、ぜひとも**伺いたいのですがよろしいでしょうか?**」

　　　　　※さらなる「Yes」をもらう質問

お客様：「え、はい……」(Yes)

営　業：「ということは、●●に関しては、将来を見据え上でも、

万全ということでございますか？」

※核心をつく質問

お客様：「え〜。そう言われると、何とも言えないかな……」

　これがイエス・セット法の効果です。イエス・セット法は、テレアポだけではなく、商談でも使えるテクニックですので、ぜひ挑戦してみてください。

■ 小さな"Yes"をもらえば、大きな"Yes"ももらいやすい

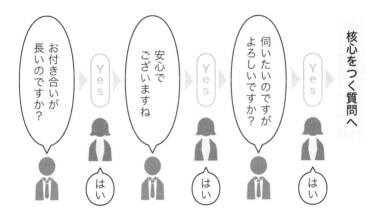

ONE POINT

- お客様との会話の冒頭は、「はい」と答えてもらえる質問を多く投げかけよう。
- お客様から「はい」をたくさんいただいた上で、核心をつく質問に移ると効果的。

魔法の話す速度は「１秒間に６文字」

早口だとアポイントはとりづらくなる

　同じスクリプトを使っていても、アポイントがとれる人と、とれない人がいますが、その多くは「話し方」に原因があります。まず、早口は厳禁。**同じトーク内容でも、早口だとアポ率は低くなります。**

　アポイントがとれる人の話し方にはある特徴があります。具体的には、次の３点が挙げられます。

---

❶ 早口厳禁。ゆっくり話す（１秒間に６文字の速度）。

❷ 口角を上げて、口を大きく開けて話す。

❸「え〜」「あの〜」「その〜」といったノイズを消す。

　では、あなたが「早口」かどうか、チェックしてみましょう。方法は簡単。次のエクササイズをやってみてください。

Step1　秒針を見て、「ありがとうね」（6文字）を10秒間で10回唱える。

Step2　言い終わった瞬間に、間髪入れずに次のセリフを言う。「お世話になっております。●●商事の■■でございます。どうぞ、よろしくお願い申し上げます」

Step3　「お世話に」以降のセリフを言った時の感覚を確認。

　　　　•「遅く感じた」 ⇨ 早口の傾向あり

　　　　•「ふつうに感じた」 ⇨ 問題なし

　　　　•「早く感じた　」 ⇨ ゆっくりの傾向（問題なし）

では、早口の予防法を紹介しましょう。口角を上げ、1音1音を明瞭に、**「普段の7割の速度」で伝える**ようにしてみてください。これだけで、早口の予防だけでなく、「え〜」「あの〜」といった言葉のノイズも出にくくなります。

　白状しますと、私もこの方法で自分の早口を矯正している1人です。皆さんもぜひ、やってみてください。すぐに効果を感じられることでしょう。

■ アポイントがとれる好感を与える話し方とは

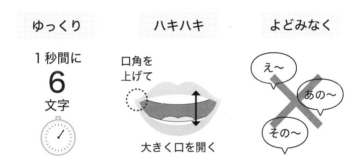

ゆっくり　　　ハキハキ　　　よどみなく

1秒間に
6
文字

口角を
上げて

大きく口を開く

え〜

あの〜

その〜

ONE POINT

- 早口で話すと、アポ率は下がる。早口の自覚があるなら7割の速度を意識しよう。
- 口角を上げ、笑顔で話すと、明るい声になりやすい（爽やかに）。
- 口を大きく開けないと、電話口でも声がこもってしまう。
- ゆっくりと話せば、「え〜」「あの〜」は消えやすい。

電話でも仲良くなる
お客様への「ひとこと」

「訪問しないと仲良くなれない」はウソ！

「電話だけで、お客様と関係構築をするのが難しい」といった声も少なくありませんが、そんなことはありません。テクニックを紹介しましょう。次のどちらかの「ひとこと」を言ってみてください。

> ❶ 電話をかけた際、**「前回の話」**を持ち出す。
> ❷ **「気になって、電話をした」**ことを伝える。

2つのいずれかをさらりと言うだけで、あたかも以前から特別な関係があったように印象づけることができます。次のような感じです。

▋前回の話を持ち出すケース

営　業：「その節は誠にありがとうございました。今、ほんの少しお時間よろしいでしょうか？」

お客様：「どうぞ」

営　業：「ありがとうございます。その前に、ひとことよろしいでしょうか？」

お客様：「はい」

営　業：「先般、伺った●●の件を社内で共有したところ、感謝されました。ありがとうございました」

お客様：「いえいえ、お役に立てて嬉しいです」

■気になって電話をしたケース

営　業：「お車のことが気になり、失礼しました。そろそろ、警告ランプがついていたりしていないでしょうか？」

お客様：「いえ、今は大丈夫ですよ」

営　業：「安心しました。●●キロの走行距離で自動点灯するものですので、気になさらないでください。そろそろ●●キロぐらいかなと、気になっておりました」

お客様：「わざわざ、ありがとうございます」

　こんな感じ。私も営業時代に実践して、効果の大きさを感じていました。簡単ですので、ぜひともやってみてください。

■ 電話で関係性を築く「ひとこと」

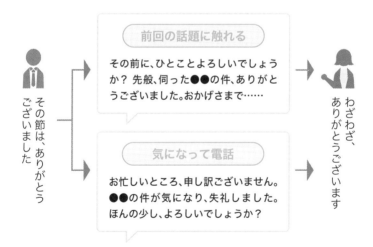

その節は、ありがとうございました

前回の話題に触れる

その前に、ひとことよろしいでしょうか？ 先般、伺った●●の件、ありがとうございました。おかげさまで……

気になって電話

お忙しいところ、申し訳ございません。●●の件が気になり、失礼しました。ほんの少し、よろしいでしょうか？

わざわざ、ありがとうございます

ONE POINT

●「前回の話はどんな会話だったかな？」「何か気にかけるべきことはないかな？」と考えてから電話をする。

無視されない
「営業メール」の条件

「ばら撒いている」と思われないために

　新規開拓においても、先にお客様宛てにメールを送る方法が増えてきました。でも、無視されることが多いのではないでしょうか。

　実は、営業メールにおいても、無視されにくいメールの条件があるのです。条件とともに、サンプルの文面を紹介しましょう。

---

❶ **自分が何者か**を"わかりやすく"伝える。

❷ 先に**目的を伝える**（ビジネスは結論から）。

❸ **下調べをしている**ことを伝える（ここが重要）。

❹ **役立つこと**を伝える（具体的なメリットを添えて）。

❺ **事例を紹介する**URLを記載（興味を醸成）。

❻ **候補日時は出さない**ほうが礼儀としては正しい。
　　（ただし、候補日時を示すパターンもある）。

❼ **オンライン**だと会うハードルが下がる。

❽ **時間をとらせない**ことを伝え、さらにハードルを下げる。

　では、次ページの「サンプル文面」をご覧ください。文章を少し変えるだけで、一斉DMと勘違いされることはなくなります。

　このような**メールを送っても返信がなかった場合、こちらから電話をする**こともお勧めです。「待ちの姿勢」はよくありません。いきなりテレアポをする場合よりも、出てもらえる可能性が高まります。

突然のメールを失礼いたします。

●●株式会社の●●と申します。

港区の●●業界のリーディング企業様に、●●のサービスを提供させていただいております。① ご挨拶の機会を賜れればと思い②、失礼を承知でメールを送らせていただきました。

先般、僭越ながらホームページを拝見し、●●を大切にされる理念を拝読いたし、感銘を受けている③次第でございます。また、弊社のサービスが、以下の特徴を備えていることから、お役立ていただけるのではないか④と推察を致しております。

・特徴1：＊＊＊＊＊＊＊＊＊＊＊＊＊＊＊＊＊＊ができる。
・特徴2：＊＊＊＊＊＊＊＊＊＊＊＊＊＊＊＊＊＊が可能。

実際、リーディング企業様にご活用いただき、ご満足いただいております。（事例紹介のURL⑤になります）
https://business.*****.com/

よろしければ、ぜひ、ご都合の良いお時間⑥にご挨拶の機会を頂戴できませんでしょうか。もちろん、オンラインで結構でございます⑦。お時間をとらないようにいたします⑩。なにとぞ、ご検討のほど、よろしくお願い申し上げます。

ONE POINT

● 新規開拓におけるメールは、「無差別にばら撒いている」と思われないことが肝心。「貴社だから」「あなただから」の特別感が反応率を高める。

"会えない時代"の「飛び込み営業」のコツ

「断られること」を前提とした新セオリー

　ここからは飛び込み営業について、解説します。まずは、**即決で契約を獲得する時代**から、**ステップを踏んで契約をする流れに変わってきている**ことからお伝えしましょう。

　現在は、セキュリティが強化され、気軽に中に入れる事務所や自宅は少ないのが実情です。だからこそ、**断られることを前提に、ステップを踏んで、確実に商談に結びつける流れが必要となる**わけです。具体的には、下記のようなステップです。

Step1　**初回の飛び込み訪問**

Step2　**不在だった場合、電話でアポとり（法人営業の場合）**

Step3　**商談**

※個人営業では、電話番号を得にくいことも多く、Step2は難しいことも

　Step3の商談に至るためには、Step1が重要になることがわかるでしょう。そこで、次に「やるべきこと」を整理しました。

▎初回訪問時にやっておくべきこと

①担当者の不在時に置いておく「**営業ツール**」を用意して**訪問**（営業ツール：パンフレット、役に立つ資料など）。

②不在時、**代わりの方が出てきてくださったなら**、**名刺を手渡し、挨拶する**（好印象を残すべく丁寧に挨拶をすること。「どんな人だった？」と担当者に尋ねられることも想定しておく）。

③担当者が在席されているであろう**時間、氏名、役職**を伺う。

④その際、「**営業ツール**」「**名刺**」を担当者に渡していただくことを**お願いする**（名刺に「ご不在時に失礼しました。●●地区を担当しております。よろしくお願い申し上げます」とメッセージを書くこともお勧め。好印象につながる）。

⑤代わりに出てきてくださった方の**名刺を頂戴する**（電話番号の記載があるので、アポとりの架電がラクになる）。

もし、やっていないなら、ぜひトライしてみてください。確実に、飛び込み訪問からの商談数が増えます。

■ 飛び込み訪問は断られた「次」こそ勝負

飛び込み営業	電話でアポをとる（法人営業の場合）	商談成立

  ①   ②

断られた際、次回に会いやすい状況をつくる

・営業ツールを残す
　「自己紹介」
　「メリット」（お得情報）
　などを添えて
・名刺にメッセージを添える
・代行者と名刺交換

資料が残っている今日、明日に電話

・「ご不在時にお伺いした●●です」と挨拶をする
・アポをとる
　（ゆえに、営業ツールで関心を醸成しておくことが成功の鍵になる）

ONE POINT

● 担当者が不在の場合、あなたに会いたいと思わせる「営業ツール」「メッセージ入りの名刺」を残しておく。

● 担当者に会えないままにせずに、その後のアプローチを確実に行う。

自分の分身となる
「営業ツールの3原則」

ツールで"次のチャンス"をつくり出す

　飛び込み営業で不在だった場合、置いておく**「営業ツール」は**
あなたの分身と言っても過言ではありません。あなたがいなくて
も、営業ツールがあなたの人柄、商品のメリットを伝えてくれる
からです。

　では、お客様の心をつかむ「営業ツールの3原則」を紹介しま
しょう。

原則①　**会社と、あなたに興味を持ってもらう**

- 「自己紹介ツール」（笑顔の写真やイラスト入りがベター）
- 「パンフレット」

原則②　**メリットを感じてもらう**

- 「お得なキャンペーン」……期間限定の販促など
- 「効果を感じてもらえる情報」……お客様の声や事例など

原則③　**簡単に捨てられない工夫**

- 「クリアファル」「封筒」などに入れて渡す
- 「お役立ちツール」……お客様にとって捨てにくい情報
    - 地域のゴミ収集日（自動車販売の営業）
    - 面接時の簡易マニュアル（求人広告の営業）
    - 法令改正のポイント（派遣業界の営業）

　たったこれだけのことですが、**営業ツールに工夫を加えておけ**

ば、会いやすくもなりますし、「話を聞いてみたい」とお客様から
連絡をいただけることも増えます。

　私の経験でも、営業ツールを工夫したことで、新規開拓の効率
が格段に向上しました。ぜひ、トライしてみてください。

■ 印象に残る「営業ツールの 3 原則」

1	何者？ （興味をもってもらう）	・自己紹介ツール ・パンフレット
2	メリットは？	・特別キャンペーン ・お客様の声、など
3	捨てられない？	・クリアファイル、封筒 ・捨てにくい情報、など

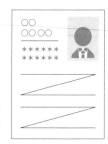

ONE POINT

● 不在時に「名刺」「パンフ」だけを置いておくだけでは
　関心を持ってもらえない。「営業ツール」で関心を持っ
　てもらう。

● 個人でツールを作成することが禁止されている会社も。
　その場合は、"どこまで"なら営業ツールの工夫が可能
　なのかを確認しておく。

会話編

この章で紹介するテクニック

- できる人と思われる「相槌」の仕方

- 「聞き上手」になって、途切れずに会話を進める方法

- お客様の本音を引き出す「深い会話術」

- 「関係が良くなる」ためのちょっとしたコツ

- 「交渉・調整」の現場で役立つ話

- 聞く人をワクワクさせる「心をつかむ話し方」

- 「え〜」「あの〜」などの「口癖の直し方」

相槌❶

「反復」と「代弁」で
聞き上手になれる

相槌でお客様が話しやすくなる

　営業は、**話し上手より、聞き上手であることのほうが極めて重要**です。お客様の**「声にならない声」**を聞くことによって、提案のチャンスをつくる仕事だからです。とはいえ、意外とできていないことが多いもの。「**相槌**」の仕方をとっても、聞き上手の人は違います。

　まずは、次の2つの相槌の仕方を覚えておきましょう。これだけでも、随分と寄り添った聞き方ができるようになります。

---

❶ 相手の言葉に「反復」をする相槌
❷ 相手の「気持ち」を代弁する相槌
　（相手が、こう思っているであろうな……）

　では、やってみましょう。会話のイメージはこんな感じです。

営　業：「差し支えなければ、伺ってもよろしいですか？　最近
　　　　は、どんなことでお忙しいのですか？」

お客様：「期末なので、決算業務が増えているのです」

営　業：「**決算業務でございますか**。勉強の意味で、伺ってもよろ
　　　　しいですか？　どのような業務をされているのですか？」

お客様：「実は、社内の伝票処理なのです。1人でやっているので
　　　　大変で……」

営　業：「**お1人でされているのですか**」

お客様：「今は1人ですが、来週から、3人の増員が決まっている

　　　　ので、忙しさから解放されそうです」
営　業：「それは、楽しみでございますね」
お客様：「ほんと、やっとです（笑）」

　上の会話の、下線を引いた箇所に着目してください。
　○○○は、❶の相手の言葉を反復している相槌。
　△∧△は、❷の相手の感情を代弁している相槌です。
　いかがでしょう。この2つの相槌を使うだけでも、会話のテンポが良くなります。その結果、お客様はたくさんのことを話してくださるのです。これが、聞き上手になる第一歩です。

■気持ちを代弁すると距離が縮まる

今月、新人が入社するんです

今月ですか！いよいよですね

どのように思っていらっしゃるのかな？

気持ちを代弁する言葉例

「楽しみですね」「いよいよですね」
「ワクワクしますね」「面白くなりそうですね」
「寂しくなりますね」「お察しします」

ONE POINT

相槌は「はい」が基本だが、言葉を反復し、感情を代弁する相槌も入れると、会話のテンポが良くなる。

相槌❷

「先読み」すると
嫌われてしまうことも

やってはいけない"気持ちの押しつけ"

　前項で紹介した「気持ちを代弁する相槌」には注意点があります。**相手の感情を先読みし、"外して"しまうと「空気が悪くなる」**ので、注意してください。

　例えば、次のような会話です。

お客様：「最近、頼まれ仕事が増えているんですよね」
営　業：「それは困りますよね」

　営業が一方的にお客様の気持ちを先読みしてしまうのは実は危険です。

　実際には、お客様が「困っている」と思っていなかったらどうでしょう。「いや、むしろ頼りにされて嬉しいけどな」と。

　相手が、どう思っているかよくわかならい場合は、むやみに相手の気持ちを読もうとせず、先に確認しましょう。

「それって、どうなのですか？」と聞いてみればいいのです。

　具体的にやってみましょう。

お客様：「最近、頼まれ仕事が増えているんですよね」
営　業：「それって、●●さんにとって、どうなのですか？」
お客様：「まぁ、嬉しいことですよ。頼りにされるのは」

　いかがでしょう。こちらの会話のほうがスマートです。相手が、

どう思って発言しているか不安な際、知っておきたいテクニック
です。

■ 気持ちが読めない時は「それって、どうなのですか？」

困りましたね、とも言えないし…
聞いてみよう

最近、残業が
増えているんです

それって、
どうなのですか？

問題ではないんです。
むしろ、チャンスだと
思っています

聞いてみて
よかった！

ONE POINT

・感情に同意する際は、「先まわりしていないだろうか」
　と常に考える。
・不安な時は、「それって、どうなのですか？」とワンク
　ッション入れてみる。

「そうですよね」よりも
「そうなのですね」

知ったぶりをするより、「知らないフリ」が正解

　ちょっとした言葉の選択で、営業として対話のセンスがあるかどうかは、すぐわかります。それが、知っていることでも、「そうですよね」と言わずに、「そうなのですね」と言える人かどうか。というのも、**「教えてもらう立場」に立ったほうが、お客様からいろいろと話してもらいやすくなる**からです。例えばこんな感じです。まずは、ダメな会話の例から。

お客様：「最近はリモートワークで、対話が少なくなって……」
営　業：「そうですよね。うちの会社も、同じです。その結果、週
　　　　　に３回は出社することになりました」
お客様：「へ～、そうなんだ」

　では今度は、「教えてもらう立場」になる会話をみてみましょう。

お客様：「最近はリモートワークで、対話が少なくなって……」
営　業：「そうなのですね。どんな感じなのですか？」
お客様：「前は気軽に雑談ができたんだけど、最近は……」

　このように、**「知らない立場」で"教えてもらう"ほうが、会話は弾むもの**です。「そうですよね」と知っていることをアピールするより、「知らない立場」になって教わる姿勢のほうが営業はうまくいくのです。会話でのちょっとした差ですが、気をつけておき

ましょう。

　ただし、「知っておかねばならないこと」に対しては「そうですよね」が正解。一度、聞いたことのある話や、営業担当として当然求められる一般知識や専門知識については「そうですよね」と応対すべきです。

■ 情報は、知らないほうに流れる

他社と同じく
円安になって、
大変ですよ…

そうなのですね。
どんなことが
あるのですか？

そりゃそうだろうな。
ウチの会社も一緒だ。
でも、教えてもらおう

実は、ここだけの話なのですが、
社内で新たな対策を講ずることに
なりまして…

そういうこと
だったのか！

ONE POINT

知っていることでも、「そうなのですね」と応対するのが正解。そのほうが情報を教えてもらえる。

相槌❹

「なるほど」と
返事をしてはいけない理由

無自覚に出てしまう言葉に要注意

　口癖のように「なるほど」「なるほどです」などと返事をする人は少なくありませんが、やめておいたほうが無難です。**人によっては、「なるほど」と言われると、ストレスを感じる**からです。

　これは、お客様のタイプにもよります。「なるほど」と聞いて、なんとも思わない人もいれば、イラッとする人もいるということです。私の研修でも、受講者に「イラッとしますか？」と尋ねることが多いのですが、イラッとする割合は半数です。つまり、「よく理解していないのに、適当な相槌を打っている」と思う方が約半数いるのです。

　ではどうすればいいのでしょうか？　前項でも紹介した**「そうなのですね」**もしくは**「そうですか」と返事をすれば解消**します。

　口癖で損をすることほど、もったいないことはありません。まず、会話中に「なるほど」と、自分が使っていないかを意識しておきましょう。意外と、無自覚に出ていることが多いので、こういった口癖は侮れません。

　ただし、「なるほど」と使っていい場面もあります。自分自身が本当に感心したり、感動した時です。素晴らしい話を聞いて「なるほど……。そういうことですか。勉強になります」といったような返事はOKです。

つまり、**感心する「なるほど」はOK**ですが、相槌としての「なるほど」はNG。ここを押さえておけば、間違いありません。

■ 人は「なるほど」と言われると、イラっとすることも

ONE POINT

- 「なるほど」と言われると、ストレスを感じる人もいる。
- 「なるほど」は「そうなのですね」「そうですか」に置き換える。
- 自分が感心した時は「なるほど」を使ってOK。

「訊く」と「聴く」を
セットで活用する

「実は私も……」でマイクを奪うな！

　相手の話を聞くのは意外としんどいもの。でもそんな時こそ要注意です。「実は、私も……」と自分の話をしてしまうことはないでしょうか？　これは聞き役としては失格です。**「訊く」**と**「聴く」**をセットにして質問すれば、このような事態を解消できます。

　本書も便宜上、「聞く」に表記を統一していますが、実は**「きく」には「聞く」「訊く」「聴く」の3種類がある**ことをご存じでしょうか。それがこれ。

> 聞く……耳に入ってくる**声や音**を感じ取る
> 訊く……**知りたいコト**を訊ねる（尋ねる）
> 聴く……相手が**何を思っているのか（ココロ）**を聴く

　つまり、「訊く」と「聴く」をセットにして質問するとは、こちらの**「知りたい事柄」（コト）を訊くだけではなく、「相手が何を思っているのか」（ココロ）をセットで聴く**ということです。会話の例でみてみましょう。

まずは知りたいコトを「訊く」
営　　業：「最近は、お忙しいですか？」
お客様：「少し、落ち着いてきました」
営　　業：「そうでしたか。**どんな感じなのですか？**」
お客様：「新人が育ったので、任せられるようになりました」
営　　業：「そうだったのですね。これからが、楽しみですね」

営　業：「ところで、<u>どんな新人</u>さんなのですか？」

お客様：「中途社員でしてね、ホント、優秀なのです。とにかく物覚えの早さに感心しています」

営　業：「頼もしいですね。<u>ところで、どうして</u>、そんなにキャッチアップが早いのですか？」

お客様：「もともと社長秘書をしていた経験が影響していると思うんですよね。先まわりして考えるチカラに脱帽です」

　いかがでしょう。**「訊く」**と**「聴く」**をセットにすると**「聞き上手」**になれますので、ぜひ使ってみてください。

■ コトを訊いて、ココロも聴く

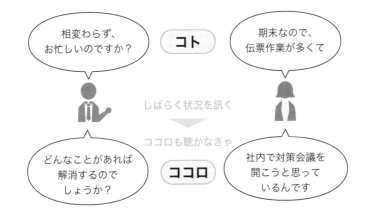

ONE POINT

お客様の話を聞く際には、出来事（コト）を訊いたあとに、思い（ココロ）を聴く。

TECHNIC 29
「タイムマシン法」で 誰とでも会話が盛り上がる

「現在⇒過去⇒未来」の順で会話を進める

「聞き役になることが大事」とはいうものの、途切れることはないでしょうか。初対面だとなおさらです。だとすれば、私が研修で紹介する「**タイムマシン法**」を使ってみるといいでしょう。あたかもタイムマシンに乗っているように、**時間軸で会話を進めると、会話が盛り上がる**法則です。

具体的には、「**現在⇒過去⇒未来**」の流れで会話をすると、思った以上に会話が弾みます。というのも、この流れは、**相手にとって「答えやすい順序」**だから、**口がなめらかになる**のです。

> 現在のことは、「わかっているので、答えやすい」
> 過去のことは、「知っていれば、答えられる」
> 未来のことは、「確証がないので、少し答えにくい」

そこで、答えやすい順に会話を進めていくのです。具体的な会話の例をみてみましょう。

現在

営　業：「駅前に、おしゃれな商業施設ができたのですね」
お客様：「うちの従業員も、その話題をよくしていますよ」
営　業：「もう行かれたのですか」
お客様：「私は行ってないのですが、若い社員は行っていますね」

過去

営　業：「ところで、以前は何があったのですか」

お客様：「何もなかったんですよ」

営　業：「そうだったのですね。どんな感じだったのですか？」

お客様：「住宅と畑があったくらいで。数年で様変わりしました」

未来

営　業：「今後も建物が増えそうですね？　何か聞かれていま
　　　　す？」

お客様：「次は、隣に別の大型商業施設ができるそうですよ」

　いかがでしょう。このようにタイムマシンのごとく、時間軸で会話すれば会話が弾みます。ぜひ、使ってみてください。

■ 時系列を意識すると、話が盛り上がる

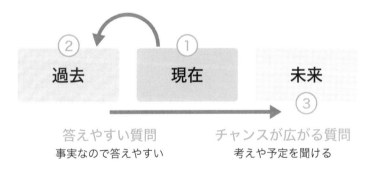

② 過去　　　① 現在　　　未来 ③

答えやすい質問　　　チャンスが広がる質問
事実なので答えやすい　　考えや予定を聞ける

ONE POINT

会話が途切れそうになったら、「現在⇒過去⇒未来」の順で、話題を振ってみる。

「お詫び」をすれば
無口な人とも会話が続く

愛想がない相手でもスマートに対応する方法

　多くの方が苦手とするのが「無口で愛想のないタイプ」との会話です。かつての私もそうでした。質問をしても、「いや、別に……」と返されると、焦ってしまい、自分からベラベラと余計なことを話してしまうようなことも、幾度となくありました。

　実は、沈黙しがちな相手に対する正しい対処法があるので覚えておきましょう。

　実は、**無口なタイプは、「抽象的な質問」が苦手であること**が多いのです。会話中の彼ら彼女らの頭の中をのぞいてみると、次のようになります。

営　業：「材料が高騰していると伺ってますが、いかがですか？」
お客様：「別に、会社としては、特別なことは……」
（「いかがですか？」とは、何と答えてほしいのだろう……。感想を伝えるべきか？　それとも、会社の対応を答えるのがいいのか……。よくわからないなぁ……）

　つまり、**空気を読んでその場ですぐに回答するよりも、「正しく答える」ことを考えるタイプ**なのです。

　なので対応として、次の２つをやってください。

Step1　質問の仕方が悪かったことをお詫びする
Step2　その後、答えやすい「具体的な質問」をする

この2つを意識すると、会話の続きはこうなります。

お客様：「別に、会社としては、特別なことは……」
営　業：「すみません。わかりにくい質問をしてしまいました。何か業績に影響は出てきているのでしょうか？」
お客様：「そうですね。売上は落ちていないのですが、利益率に影響が出てきてます」（そういうことか！）

　これで会話が続きました。沈黙しがちなタイプには、この対応方法を知っておけば、会話は途切れません。その後は、より具体的に聞いていくことを心がけるといいでしょう。

■ 沈黙を打破する2つのステップ

ONE POINT

会話が沈黙状態になったら、「お詫び」→「具体的な質問」の流れを意識して対応する。

「限定質問→拡大質問」で本音を語ってもらう

「うまい質問」はする順番で変わる

　質問には「2つの種類」があります。「**限定質問**」と「**拡大質問**」です。お客様に本音を語ってもらう重要な鍵は、「限定質問」で尋ねたあと、「拡大質問」をうまく使えるかどうかです。私は研修講師として、「**限定質問のあと、拡大質問ができなければ、営業はできない**」とまで言っています。具体的に説明しましょう。

　限定質問とは、「はい」「いいえ」や「単語」で答えられる、一問一答の質問のこと。「**クローズド・クエスチョン**」とも呼ばれます。

　一方の拡大質問は、「文章で自由に回答できる質問」で、「**オープン・クエスチョン**」とも呼ばれる質問です。オープン・クエスチョンを意識するために私が紹介しているフレーズは、「**3つの"ど"**」です。

・どうして？	・どんな？	・どのような？

　この「3つの"ど"」を使うだけで、本音を話してもらえます。具体的に、自動車販売店での営業のシーンでみてみましょう。

お客様：「今の車は軽自動車です。5年落ちなんですけどね」
営　業：「大切にされているのですね。お乗り換えの予定があるのですか？」（限定質問）
お客様：「できれば、来年くらいには……」

営　業：「差し支えなければ伺ってもよろしいですか？　**どんな 背景**がおありなのですか？」（拡大質問）

お客様：「子供が大きくなりましてね。ワゴンがいいかな、と」

営　業：「そうでしたか。ワゴンは便利ですしね。ところで、**どの ような**ワゴンをお考えでしょうか？」（拡大質問）

お客様：「４WDがいいかな、と思っています」

営　業：「最近の４WDは特に性能がいいですね。ところで、**どう して**４WDなのですか？」（拡大質問）

お客様：「実は、山にキャンプによく行くものですから」

　いかがでしょう。お客様の本音がみえてきましたね。この拡大質問の実践法については、4章のヒアリングのパート（120ページ）でさらに詳しく解説します。

■ 限定質問と拡大質問

限定質問	拡大質問
クローズド・クエスチョン	オープン・クエスチョン
「はい」「いいえ」で回答できる 単語で回答できる	自分の考えや思いなどを 文章で自由に回答する

ご存じですか？　　はい
いつですか？　　▶　先月です
何名ですか？　　　3名です

会話の
比率
5:5

どんな背景が　　実は、今年になって
あるのですか？　社長が代わり、
▶　●●を優先する
新しい方針が打ち
出されたのです

会話の
比率
3:7

ONE POINT

・質問には、「限定質問」と「拡大質問」がある。
・拡大質問をうまく使うと、相手の本心がわかる。

会話のセンスを左右する 「クッション言葉」

単刀直入に聞くと、嫌われてしまうことも……

　実は、**会話のセンスの有無は、クッション言葉をうまく使えているかどうかでわかります**。クッション言葉とは、不躾な印象や不快感を与える可能性がある際に使う、やわらかく伝えるための「前置き」の言葉のことです。デリケートな話題などを尋ねる際に、相手に配慮するために使います。学生時代は使わなくても何とかなることが多いのですが、社会人で使えないと、相手にストレスを与えてしまいかねません。

　クッション言葉をうまく使った会話の例をみてみましょう。

営　　業：「どんなことで忙しいのですか？」

お客様：「お客様からのクレームも増えてきているんだよね」

営　　業：「差し支えなければ、伺ってよろしいですか？　どのような内容のクレームが多いのですか？」

お客様：「荷物が増えて、時間通りの配送が難しくてね……」

営　　業：「勉強の意味で伺ってもよろしいでしょうか？　どのように対応されているのですか？」

「差し支えなければ……」「勉強の意味で……」の部分が、クッション言葉です。上の会話例を、今度はクッション言葉を除いて確認してみてください。なんだか刑事の取り調べのように感じませんか？

「質問攻めにしてしまっているのでは？」「答えにくいのでは？」

「ちょっと不躾かも？」などと思った時は、クッション言葉を挟むようにしてみてください。それだけでセンスの良い会話ができるようになります。

■ クッション言葉の例

尋ねる時

「差し支えなければ、伺ってもよろしいですか？」
「もし、あるとすればですが、どのようなことが……」
「勉強の意味で伺ってもよろしいですか？」
「だからこそ、伺ってもよろしいですか？」

お願いする時

「お忙しい中、恐れ入りますが」
「お手数をおかけしますが」
「もし可能であればでございますが」

断る時

「誠に恐縮でございますが」
「せっかくのお話ではございますが」
「あいにくでございますが」

ONE POINT

- 「尋ねる」「お願いする」「断る」場面ではクッション言葉を使うとセンスが良いと思われる。
- 「聞きにくい質問」や「質問攻めになりそうな場合」も、クッション言葉を挟めば、印象が柔らかくなる。

深い会話術❸

「点数」を尋ねて
「潜在ニーズ」を引き出す

お客様自身も自覚していないニーズがある

　営業でチャンスを得るためには、**お客様の声にならない声を聞くことが絶対の近道です**。その際、「必要ですか?」「不満はありますか?」と聞くだけでは不十分。お客様の「潜在ニーズ」を引き出すことができる、とっておきのテクニックを紹介しましょう。

　1つ目は**「点数」で聞く**方法。不満がないとおっしゃるお客様に、改めて点数で尋ねる方法です。

お客様:「今は、特に困ったことはないです」

営　業:「そうでしたか。失礼しました。ちなみに、現状の満足度は**10点満点**でいえば何点ですか?」

お客様:「う〜ん、難しい質問ですね。……7点くらいですかね」

営　業:「何があれば満点になりそうでしょうか?」

お客様:「別に困っているというほどではないけど、将来を考えると……」

　2つ目は、「**さらに＋あるとすれば**」で聞く方法です。先ほどと同じケースでの会話の続きでみてみましょう。

営　業:「困ったことはないとのことですが、"さらに、こうなったらいいな"と思うことはございますか?」

お客様:「う〜ん、そうだね……」

営　業：「あるとすれば、どんなことでしょう？」
お客様：「あるとすればだけど、将来を考えると……」

　３つ目は、「**ということは、万全ですか？**」と聞く方法です。次のような会話になります。

営　業：「つまり●●に関しては、万全ということですか？」
お客様：「う〜ん、万全と言われると……どうかな……」
営　業：「どんなご不安があるのですか？」
お客様：「別に困っているというほどではないけど、将来を考えると……」

　営業としては、これらの「声にならない声」を聞き出すためのフレーズを覚えておきたいところ。ここからチャンスが一気に広がります。

■「潜在的な問題」に気づいてもらう３つの質問

ONE POINT

● 「声にならない声」を教えてもらえると、チャンスが一気に広がる。

● 潜在ニーズを引き出すには、「点数」「さらに＋あるとすれば」「万全ですか？」の切り口が便利。

「お客様の言葉」を鵜呑みにしない

状況を考えて、ベストな対応を心がける

　営業で成功したいなら、お客様の声を鵜呑みにしてはいけません。常に、「**言葉と本心は違うかも**」と想像しながら会話をすることが肝心です。

　実例を紹介しましょう。ある自動車販売店でのエピソードです。お客様から次のようなメールが入りました。

お客様：「受け取るはずだったETCカードをもらい忘れていました。本日、夕方に取りに伺ってもよろしいですか？」

　さて、あなたならどのような返信をしますか？　まさに営業のセンスが問われる瞬間ですが、このケースでは次のように対応しました。

営　業：「申し訳ございません。こちらが気づくべきことでした。本日、ご自宅にお渡しに上がります。お忙しいと存じますので、ご不在の際は、ポストに投函させていただきます。本当に申し訳ございませんでした」

　まさに、お客様の期待を超える対応といえるでしょう。ここで重要なポイントは、自宅に行くかどうかではありません。お客様の声を鵜呑みにせず、「**どんな状況で、どんな気持ちで連絡をされたのか**」を想像することで、**最善の対応を考えた点**にあります。

よく、「行間を読んで対話をしなさい」と言われますが、お客様からの言葉も、「どんな状況」「どんな気持ち」でいらっしゃるのかを想像しながら、ベストな対応を選択する——これが、できる営業のコミュニケーション術なのです。

■ お客様の「状況」や「気持ち」を考えて行動する

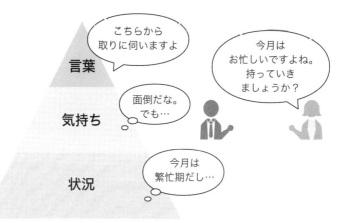

ONE POINT

● お客様の言葉を額面通りに受け取らないようにする。
● お客様が「どんな状況」「どんな気持ち」なのかを想像して対話する。

TECHNIC
35

共通点から仲良くなる
「バランス理論」

相手が「何に関心があるのか」に着目しよう

　年齢が違う方や異性の方との会話のネタに悩みませんか？　実は、**「共通点」があれば、確実に誰とでも良好な関係を築くことができます**。これは、「バランス理論」という法則で、アメリカの心理学者であるフリッツ・ハイダーによって提唱されました。バランス理論の内容を端的にいうと、**「相手が関心を持っているもの」に対して「こちらも関心がある」という共通点をつくれば、自然と関係が良くなる**という理論です。

　もう少し解説を加えましょう。図をご覧ください。「自分」（営業）と「他者」（お客様）と「物事」（例：ゴルフ）をつなぐ矢印があります。それぞれ「関心がある」なら"＋"、「関心がない」なら"－"（マイナス）と表記します。
　バランス理論は、この３つの矢印のかけ算が、自然と"＋"の方向に導かれるという法則です。

　つまり、お客様が「ゴルフ」に関心がある時（＋）、あなたが「ゴルフ」に関心を示せば（＋）、自然とお客様とあなたの矢印も（＋）となり、良好になるというわけです。
　ゆえに、営業がやってはいけないのは、「私、ゴルフは苦手で……」と（－）の状態にすることです。そうなると、「＋」×「－」×「－」＝「＋」の形に誘導されるため、自然とお客様からあなたへの矢印が（－）となり、よい関係にはなりにくいというわけです。

このような関係にならないためには、例えば「ゴルフの醍醐味」を教えてほしいとお客様に尋ねてみればいいのです。それだけで、「＋」×「＋」×「＋」＝「＋」の形で均衡します。

　相手が企業の担当者なら、その会社の「従業員のこと」や「商品のこと」を話題にするといいでしょう。お年を召した方が相手なら、「昔のこと」に関心を示すのも正解です。

　営業の基本姿勢は「**相手が何に関心があるのかに興味を持ちながら会話をする**」ということ。ぜひ、覚えておきましょう。

■ 3つを掛けると"＋"になるように関係が導かれる

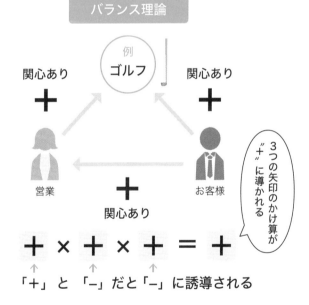

バランス理論

例
ゴルフ

関心あり
＋

関心あり
＋

営業

お客様

関心あり
＋

3つの矢印のかけ算が"＋"に導かれる

＋ × ＋ × ＋ ＝ ＋

「＋」と「−」だと「−」に誘導される

ONE POINT

● 相手が関心を持っていることを話題にするのが正解。
● 教わる姿勢で会話を進めれば確実に仲良くなれる。

購入率が2倍になる
「ネームコーリング効果」

「名前を呼ぶ」だけのすごい効果

　人は名前を呼ばれると、相手に好意を抱きやすいといわれます。これは「**ネームコーリング**」という心理作用によるものです。

　面白い実験を紹介しましょう。アメリカの南メソジスト大学のダニエル・ハワード博士による実験です。学生を2つのグループに分けて、それぞれを教授室に呼び出し、それぞれのグループに対して次のように言いました。

　1つのグループには名前を呼んで「○○さん、クッキー買ってよ」。別のグループには、名前を呼ばずに、ただ「クッキー買ってよ」と。

　すると、名前を呼んだグループのクッキーの購入率は約90％、名前を呼ばなかったグループは約50％と、2倍近い差があったというのです。

　なんとも簡単な実験、と思いそうになりますが、営業の現場もまさにそう。実際、**トップセールスほど、自然とお客様の名前を呼ぶ傾向があります**。私も会話の中で、名前で相手を呼ぶことが多いのですが、最初は意識していたものの、今では無自覚にやっています。

　　「○○様、今日もよろしくお願い申し上げます」
　　「○○様、伺ってもよろしいですか？」
　　「○○様だからこそ！」

ぜひ営業は、相手の名前を呼ぶ習慣を身につけておきましょう。「御社」「貴社」などと呼ぶのも間違いではありませんが、ネームコーリング効果を知ると、いかにもったいないかがわかるでしょう。

　名前を呼ぶだけで、お客様との関係性が良くなるのはもちろん、アポイント率、契約率にもプラスの影響を与える、とっておきのテクニックです。営業であれば、やらない手はありません。

■ 名前を呼ぶだけで購入率が約2倍に

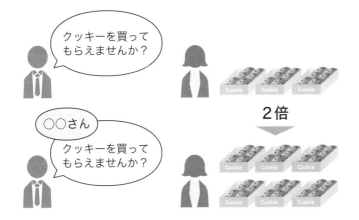

ONE POINT

・トップセールスほど、自然と相手の名前を呼ぶ。

・相手の名前を呼ぶことで、アポイント率、契約率もアップする。

37 まず結論を伝える「PREP法」

あらゆるシーンで使える「万能の話法」

　ビジネスパーソンが必ず覚えておきたい話し方、それが「**PREP法**」です。PREP法は、「**結論**」**から手短に伝える話し方**です。結論から話すことで、忙しい相手であってもストレスなく聞くことができますし、何より「説得力」が高まります。もちろん、提案のシーンでも使えますし、普段の会話でも使える"万能の話法"です。

　では、具体的な方法を解説しましょう。PREP法は以下の順序で伝える話法です。

P　（Point）………… 先に「**結論**」を伝える

R　（Reason）……… その「**理由**」を簡潔に伝える

E　（Example）…… 理由を補う「**詳細**」を語る

P　（Point）…………「**結論**」を繰り返す

　PREP法で話すと次のようになります。

お客様：「どうすれば、良い人が採用できるのかな？」

営　業：「実は、2つのことをやっている会社は、良い人材が採用
　　　　　できていると聞きます」（<u>結論</u>）

　　　　「というのも、求職者の心に確実にヒットするからです」
　　　　（<u>理由</u>）

　　　　「1つは、"採用しやすいターゲット"を狙うこと。もう
　　　　　1つは、"この会社に入りたいと思う魅力"を打ち出す

ことです。シンプルな打ち手ですが、その方法で、私の
お客様も成功しています」（詳細）
　「なので、鍵はこの2つを実施することです」（結論）
お客様：「たしかに……」

　いかがでしょう。説得力がありませんか？
　もちろん、最初は、うまく話せないでしょう。でも、1〜2カ
月、PREP法で話すよう心がけるだけで、その後は違和感なく、ス
ムーズに話せるようになります。

■ PREP法とは？

わかりやすい説明の構成

ONE POINT

● 伝える時の基本は「PREP」を心がける。
● PREP法は、1〜2カ月ほど心がければ、自然にできる
　ようになる。

TECHNIC
38

言いにくいことを爽やかに 伝える「DESC法」

できる営業は「遠慮」でなく「配慮」する

アポイントの調整、納期の調整、値段交渉など、営業は調整することが多いもの。ここで遠慮をして相手の「いいなり」になると、不利な状況に追い込まれてしまいます。だからこそ、覚えておきたい話法が「**DESC法**」です。

DESC法で話すと、相手の感情に配慮しながら、自分の主張を伝えることができるようになります。**会話の基本は前述のPREP法ですが、ケースによってはDESC法を使えるようにしておくと、便利です。**

DESC法は、具体的には以下の流れで話を進める方法です。

D （**Describe**）……先に、状況を説明する（描写）

E （**Explain**）………自分の思いを伝える（意見）

S （**Suggest**）…… 具体的に提案や相談をする（提言）

C （**Choose**）………相手に選んでもらう（選択）

営業の場面では、次のように使います。

アポイト調整のケース

お客様：「今日の昼に来ていただけますか？」

営　業：「お声がけありがとうございます。ぜひ、お打ち合わせをさせてくださいませ。ただ、申し訳ございません。今日は、ほかの所要で予定が埋まってしまっており、伺うのが難しい状況なのです」（描写）

「とはいえ、私も少しでも早くお打ち合わせをさせていただきたいと存じております」（意見）

「例えばですが、明日の午前、または明後日の夕方あたりでしたら、お伺いするこが可能です」（提言）

「もちろん、ご都合があるかと存じます。いかがでございますか？」（選択）

　いかがでしょう。相手の感情を害することなく調整を持ちかけることができています。

　DESC法は、「遠慮」して我慢する人から、「配慮」して調整できる人になれるパスポートです。

■ DESC 法とは？

Describe	Explain	Suggest	Choose
描写	意見	提言	選択

言いにくいことを爽やかに伝える

ONE POINT

● 言いにくい調整やお願いは、「DESC法」で伝えるのが正解。

TECHNIC

39

「Yes-If法」で
無茶な要求を退ける

「でも」「しかし」を使わずに反論する方法

いろいろと無理な要求をしてくるお客様もいますが、そんな時、「できません」とつっぱねると感情を害してしまいます。そこで覚えておきたい話法が「**Yes-If法**」です。

「Yes-But法」という定番の話法がありますが、「Yes-If法」は、それよりもセンスの良い交渉ができます。

「Yes-But法」は、「たしかにそうです。しかし……」と反論を展開する話法として有名ですが、**「Yes-If法」は、「たしかにそうです。例えばいかがでしょう……」と、「しかし」を「例えば」に変えて、反論を展開する話法です。**

たったこれだけでも、異を唱えているように見えない不思議な効果を得られます。

では、「Yes-If法」の会話の例をみてみましょう。

値引き対応のケース

お客様：「少し値引きをしてくれたら考えてもいいけどね」

営　業：「ご検討、ありがとうございます。値段は大切ですよね（Yes）。例えば、いかがでしょう（If）。新製品なので、お値引きは致しかねるのですが、職場の皆様に勉強会を実施させていただくなどの対応は可能でございます。先ほど、製品の導入時にスムーズにいかない懸念があるとおっしゃっていました。その解消につながると思っております。いかがでございますか？」

この流れで交渉すれば、相手は不快な気持ちを抱きにくいものです。

お客様に対して、どうしても「No」を言わねばならないケースは少なくありません。**「Yes-If法」は、直接「No」と言わずに「If」を伝えながら、スマートに異を唱える、非常に便利な話法です。**

■「Yes-If」で丁寧に反論する

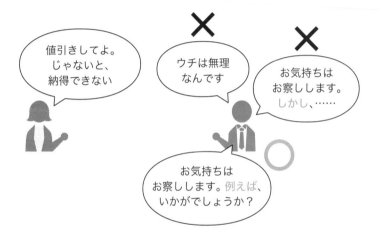

「しかし」を「例えば」に変えて展開する

CHAPTER 3

会話編

ONE POINT

・単刀直入に「できません」と言いにくい時は、「例えば……」と切り出してスマートに交渉を進める。

「ゴールデンサークル理論」で聞く人をワクワクさせる

スティーブ・ジョブズも使っていた"つかみ"の話術

あなたの周りには、話の"つかみ"がうまい人はいませんか？実はそのような人の多くは、「**ゴールデンサークル理論**」に基づいた、"つかみ"を実践していたのです。

ゴールデンサークル理論は、マーケティングコンサルタントのサイモン・シネック氏が提唱したプレゼンでの理論です。

図のように、「なぜ」（Why）⇨「どうやって」（How）⇨「何を」（What）の順番に話をしていくと、**聞き手の関心が刺激される**というものです。

ゴールデンサークル理論は、スティーブ・ジョブズ、マーチン・ルーサー・キング牧師、ライト兄弟など、多くの人々から支持された著名人に共通するパターンを分析して得られた法則です。

では、やってみましょう。繰り返しますが、「**Why」から語ることがポイント**です。

「YouTubeの視聴者は、世界の数億、数十億の動画の中から、自分の動画を選んでクリックしてくださった"特別なご縁"がある方々です。1つの動画が人の人生に影響を与えることもあるでしょう。だからこそ、音質にはこだわる必要があると考えています」（Why）

「この小さなワイヤレスマイクは、たった3センチと小さいのですが、AIを活用した最新技術を使っているため、あたかもライブハウスにいるような臨場感を得ることができます」（How）

「どうぞ、お手元の小さなマイクをご覧ください」（What）

このように冒頭で「なぜ」（Why）から語られると、なんだかワクワクしませんか？　これが、ゴールデンサークル理論を使ったプレゼン術なのです。

　ただしアドリブでゴールデンサークル理論に基づいて話すのは困難です。まずはあなたが担当するサービスや製品を説明する際、お決まりのセリフ（Why）を用意しておくといいでしょう。

■「Why」から語る「ゴールデンサークル理論」

ふつうの話法

What
「今年の新商品です」

How
「この仕様が売りです」

人の心をつかむ話法

Why
「我々はこうあるべきと信じます」

How
「この仕様にしたのです」

What
「それが、今年の新商品です」

ONE POINT

・プレゼン等での"つかみ"の場面は「なぜ」（Why）から
語ると、インパクトのあるものになる。

口癖の直し方

「え〜」「あの〜」を消す簡単な方法

「フィラー」が入ると、自信なさげに見えてしまう

お客様と話をしている際に気をつけたい口癖、それが「え〜」「あの〜」です。52ページでも述べましたが、このノイズを専門用語では「**フィラー**」といいます。**話している途中でフィラーが入るだけで、自信がないように見られますし、言いたいことも伝わりにくくなる**ので注意が必要です。

しかし、いくら自覚していても、そう簡単にフィラーはなくならないのが悩ましいところです。私が研修で紹介している、フィラーをなくす３つの方法を紹介しましょう。

フィラーをなくす方法

① **ゆっくり話し、フィラーが出そうになったら黙る**

- 早口だと、頭と口の速度がかみ合わず、フィラーが発生する原因に。
- ゆっくり話すことで、「あ、フィラーが出そう」と予兆をつかめるようにもなる。その際には、黙ればOK。
- 黙っても相手に違和感はない。"間"としか感じない。

② **口角を上げ、口を大きく開けて話す**

- 大きな口を開けると、フィラーは出にくいもの。ハキハキと、1音1音を発声することで予防できる。

③ **早めに「句点（。）」を持ってくる**

- ×「●●で、▲▲なので、■■ですし……」

○「●●です。ゆえに▲▲といえます。実際■■です」

- フィラーの多い人は、考えながら話すため「読点（、）」が多い。早めに「句点（。）」を持ってくることで、考えを整理してから話せるようになる。

この3つの対策をするだけで、会話の途中の「え〜」「あの〜」を消せるのですから、やらない手はないでしょう。あなたの説得力が格段に向上します。

■「え〜」「あの〜」を消す方法

予　防　法	対　処　法
ゆっくり	出そうになったら黙る
▽	
口角を上げ	
▽	
口を大きく	
▽	
句点を早く	

ONE POINT

- 「え〜」「あの〜」などのフィラーは自信なさげに見えてしまう。

- フィラーを消すためには、ゆっくり話し、口角を上げ、早めに句点（。）を持ってくる。

CHAPTER 4

商談の流れ編

この章で紹介するテクニック

● 警戒を解く「ラポール」のセオリー

●「ヒアリング」を自然に行う方法

● 価格に納得してもらう「プレゼン」の仕方

● 意思決定を促す「クロージング」の方法

「ラポール」の基本セオリー

「警戒」を「安心」に変えるテクニックの基本

さて、ここからはいよいよ商談の場面での営業テクニックを解説します。16ページでも述べたように、**商談は「ラポール⇨ヒアリング⇨プレゼン⇨クロージング」の流れで構成されます。**

まずは、ラポール（商談前の雑談）から解説しましょう。いきなり本題から始めると、お客様の中には警戒される方もいらっしゃいます。なので、**警戒心を解くためにラポール**が必要なのです。

初対面の際に効果的なラポールを紹介しましょう。初対面では、次の**3ステップを30秒程度**で行います。

Step1　お会いできたことの「**感謝**」を示す。

Step2　「**素敵な点**」に触れる。

　　　　● 法人営業は、職場や働く人の様子、名刺の情報など

　　　　● 個人向け営業は、家や街の雰囲気など

Step3　「**感想**」を述べる。

　　　　●「勉強になります」「感銘を受けました」など

このステップを覚えれば、初対面でも、「何を言えばいいのかな……」と戸惑うことはなくなります。

なお、**ほめる対象は1つにして、手短に伝える**ようにしてください。手短に伝えないと下心があるように感じられてしまうことがあるためです。

Step1　「感謝」を示す

営　業：「貴重なお時間をいただきまして、誠にありがとうございます。お目にかかれて光栄でございます」
お客様：「こちらこそ、●●商事の■■です」

Step2　「素敵な点」に触れる

営　業：「改めて、よろしくお願い申し上げます。それにしても、とても素敵なオフィスでございますね」
お客様：「ありがとうございます」

Step3　「感想」を述べる

営　業：「いろいろと勉強になります」
お客様：「前の事務所が狭くなり、ここに移ったばかりなんですよ」

話しやすそうな
営業で安心！

ONE POINT

● 初対面の際のラポールは「感謝」「素敵な点」「感想」の
　3ステップで。
● 素敵な点は1つに絞り、伝える時は手短に。
● 「いいですね」の "いい" は評価の言葉なので、要注意。

CHAPTER 4 商談の流れ編

商談の成否の半分は 「見た目」で決まる

「メラビアンの法則」でチェックポイントがわかる

　営業は、"見た目商売"です。頼りない印象を与えてしまうと決まるものも決まりません。

　心理学者であるアルバート・メラビアンが提唱した「**メラビアンの法則**」は、対話時に人に与える影響がどの程度なのかを実験したもので、営業にも有益です。

視覚情報（Visual）が55％ ……「見た目」のこと

聴覚情報（Vocal）が38％ ……「声のトーン」などの話し方

言語情報（Verbal）が7％ ……「話の内容」のこと

　つまり、「**見た目」だけで、相手に与える影響の半分以上を占めている**わけです。ここでは、営業として見た目にどう注意すればいいのかを解説します。

　まず重要なのは、第一印象です。「**姿勢**」と「**笑顔」は特に重要**です。油断をすると猫背になりやすいもの。立っている時の姿勢、座った時の姿勢の両方に注意を払いましょう。

　また、**緊張をすると無表情になるもの**です。営業をする際は、常に笑顔を意識しておきましょう。ちょっとしたことですが、商談の成否に大きな影響を与える重要な要素です。

■ 見た目の注意点

姿勢

猫背はNG。自信がないように見えます。かかとに重心を置き、頭を引っ張られるような意識で立ちます。
商談時は、手首とヒジの間にテーブルの端が来るように座ります。姿勢を良くするだけで、高級な服を着るより印象が格段にアップします。

笑顔

無表情は NG。「イ」の発音をする時のように口角を上げることで自然な笑顔になります。

髪型

おでこを半分以上出すと信頼感が出ます。「トップ営業」というキーワードで画像検索をすると、よくわかります。なかなか教わらないセオリーです。

靴の汚れ

名刺交換する際、自然と足元に目が行くものです。「靴を見れば、人柄がわかる」と言う人もいるくらいです。かかとがすり減っていれば交換をし、汚れがあれば拭いておきましょう。

ONE POINT

- 姿勢、笑顔は信頼を得るためのファッション。
- おでこを半分以上出すと、頼もしく見える。
- 靴にも人柄が出る。汚れはとっておく。

ラポール❸

「オンライン営業」の際の ラポール

WEB 上でもさりげない「気配り」は示せる

　最近は、オンラインによる営業活動も増えてきました。ただし、**対面ではないからといって、いきなり本題から入ることは避けたほうがいいでしょう**。オンライン営業では、下記のような流れでラポールを行うのがお勧めです。

Step1　お時間をいただけたことの「**感謝**」を示す。

Step2　「**オフィスかリモートか**」に触れる。

　　　　※「今日はオフィスでございますか？」と触れる。

　　　　　在宅の際は、「リモートでいらっしゃいますか？」

Step3　再度、「**感謝**」を示す。

　　　　※「貴重なお時間、ありがとうございます」と伝える。

　これくらいが自然です。ただし、**オリジナルのバーチャル背景の場合は、Step2でその素敵さに触れる**といいでしょう。

Step2　「**素敵な背景ですね**」と伝える。

　　　　※「素敵な背景ですね。会社でご用意されたものですか？」などと軽く触れる。

Step3　「**感想**」を伝える。

　　　　※「私も用意すべきですね……勉強になります」など

　オンラインでは、これぐらいがちょうどいい塩梅（あんばい）です。至って

シンプルですが、この会話があるだけでも、緊張感は和らぎます。

最後に注意点を１つ。お客様が在宅の場合、**部屋のことには触れてはいけません。** プライバシー空間だからです。ちょっとしたことですが、気をつけておきましょう。

■オンライン営業の基本的な流れ

Step1　**「感謝」を示す**

営　業：「貴重なお時間をいただき、誠にありがとうございます。お目にかかれて光栄でございます」

お客様：「こちらこそです。●●商事の▲▲です」

Step2　**「オフィスかリモートか」に触れる**

営　業：「本日は、オフォスでございますか？」

お客様：「はい、そうです」

Step3　**再度、「感謝」を示す**

営　業：「そうでしたか。お忙しい貴重なお時間、ありがとうございます。早速ですが……」

オンラインだけど
話しやすいな

ONE POINT

● オンラインでは、「オフォス」or「リモート」の切り口が無難。

● オフィスでも自宅であっても、「お忙しい貴重なお時間、ありがとうございます」のひとことを添える。

ラポール❹

「初回の電話営業」で やるべきラポール

顔が見えない電話でも、やるべきことがある

　前項のリモートに続き、電話営業での初対面のラポールも紹介しましょう。**電話の場合、初対面では、ほとんどラポールができません。勝負は2回目以降だと考えておきましょう。**とはいえ、初回でもやっておくべきラポールはあります。それが次のようなもの。

Step1　丁寧に「**挨拶**」をする

Step2　「**要件**」（先方様にメリットがあること）を伝える

Step3　今、話をしてもいいかの「**確認**」をする

　初回はまず、これだけでOKです。

　でも、「お時間、よろしいですか？」などと、話をしていいかの確認をしないほうが、拒否されないのではないか、と思われた方もいらっしゃるかもしれません。

　そうではありません。実は、「**どんな話ですか？**」といった会話を続けるための返事をいただくテクニックなのです。

　「忙しいので無理」と言われた場合でも、次のように返します。

営　業：「そうでございますよね……。お忙しいところ、大変失礼しました。もし、今後、●●の可能性があるようでしたら、お得な話だと思いまして……。実は、■■のキャンペーンをすることになり、ぜひ▲▲企画様には　お話だ

けでもと思い失礼いたしました。今後、●●の可能性は
ございませんでしょうか?」

　このように切り出すと、拒絶されることは少なく、「どんな話で
すか?」「ちょっとくらいなら……」などと言われることが多いも
の。ぜひ、使ってみてください。

■ 初回の電話営業の基本的な流れ

Step1　**丁寧に「挨拶」をする**

営　業:「ぜひ▲▲企画様には、ご挨拶だけでもできればと思
　　　　い、失礼いたしました」

Step2　**「メリット」を伝える**

営　業:「お得な情報もご提供できると存じますので……」

Step3　**「話をしてもいいか」を尋ねる**

営　業:「お時間をおかけしませんので、ほんの少しだけでも、
　　　　よろしいでしょうか?」

ちょっとくらいなら
話を聞いてもいいかな

ONE POINT

- 初回の電話営業は、丁寧な挨拶と同時に、メリットが
  あることをチラリと伝える。
- 「忙しい」と断られても、「お詫び」をしながら話し続け
  る。

CHAPTER 4

商談の流れ編

2回目以降の電話で "良好な関係"を演出する

「前の話」と「気づかい」で、お客様と打ち解けられる

　前項では、電話営業は、2回目以降のラポールが"勝負"だと申しました。

　電話だとお客様との関係性が希薄になりやすいものですが、あたかも**"以前から良好な関係性があったように"接する**ことで、お客様と打ち解けやすくなります。

　54ページでも紹介したテクニックですが、具体的には、次の2つの手法のうち、1つを選択します。

> 手法①　「**前の話**」を持ち出す
> 手法②　「**気づかい**」を示す

やってみると、とても簡単です。以下のようになります。

「前の話を持ち出す」パターン

営　業：「お忙しいところ恐れ入ります。●●商事の■■でございます。先般は、誠にありがとうございました。ほんの少し、よろしいでしょうか？」

お客様：「いいですよ」

営　業：「ありがとうございます。本題に入る前に、ひとことだけ。先般伺った▲▲の件、お聞かせいただき、ありがとうございました。社内で共有させていただきました。感謝の気持ちだけお伝えしないと、と思いまして……」

お客様：「わざわざ、ありがとうございます」

▌「気づかいを示す」パターン

営　業：ご無沙汰しております。そろそろ（車の走行距離が）
　　　　４万キロになる頃と思い、失礼しました。４万キロにな
　　　　ると、警告ランプがつくこともありますが、今のところ、
　　　　問題ございませんか？」

お客様：「わざわざ、ありがとうございます。大丈夫です」

営　業：「安心しました。もし、不調があれば、いつでもおっしゃ
　　　　ってくださいませ。ところで……」

　このように話せば、**こちらから電話をした際、「わざわざ、あり
がとうね」と言ってもらいやすくなる**わけですから、使わない手
はないでしょう。

■ 電話営業の２回目以降のラポール

選択肢１	選択肢２
前の話を持ち出す	気づかいを示す

先般、伺った●●の件、
お聞かせいただき、
ありがとうございました

●●が気になり、
お電話をしました

ONE POINT

電話営業でお客様との関係を強くしたければ、「前回の
話を持ち出す」か「気づかいを示す」ことが効果的。

TECHNIC 47

自然なヒアリングができる 「POINT話法」

「ラポール」から「ヒアリング」への効果的な移行の仕方

「ラポール」の次は、「ヒアリング」です。ここでは、ぜひ「POINT話法」を使ってみてください。自然な流れでヒアリングに入れるようになります。

　私は営業を受けることも多いのですが、導入が上手な営業の方だと、こちらも話しやすくなるものです。

　POINT話法は、次のようなステップで会話を進めます。

Step1　**Purpose**（目的）

　（ラポールのあとで）

　「いや〜、勉強になります」（と話を切り替えて）

　「では、早速ですが、新たなサービスを紹介させていただいてよろしいでしょうか？」

Step2　**Outline**（概要）

　「まず、最初にご状況を伺い、その上で、説明をさせていただき、最後に、ぜひご意見を頂戴したいと考えております」

Step3　**Input**（意見を伺う）

　「●●様、いかがでございますか？　ぜひ、御意向をお伺いできればと思っておりましたが……」

Step4　**Transition**（移行）

　「かしこまりました。では、さっそくお話を伺ってもよろしいでしょうか？」

いかがでしょう。この流れを知っておくと、**自然な流れでヒアリングに入りやすくなる**というわけです。スキルは不要。何パターンも覚える必要はありません。あなたの商談に合うパターンを使えるようにしておけばそれでOKです。POINT話法は、訪問型、オンライン型、電話型いずれの営業にも有効ですので、ぜひ使ってみてください。

■「POINT話法」を使えばスムーズにヒアリングに移れる

ラポール

いきなり本題に入ると、ヒアリングでお客様から多くの情報を教えてもらいにくいことがある。軽い雑談をするのがセオリー。

POINT話法

Step1 **Purpose**（目的）

Step2 **Outline**（概要）

Step3 **Input**（意見を伺う）

Step4 **Transition**（移行）

ヒアリング

御用や予定（顕在ニーズ）を聞くだけではなく、お客様が気になっているお困りごと、願望（潜在ニーズ）を伺う。

ONE POINT

● 一方的な商談にならないためにも、段取りは大事。
● ラポールからヒアリングに入る際には「POINT話法」を使う。

「ヒアリングの4ステップ」でニーズをつくり出す

ニーズは「ある」ものばかりではない

　ヒアリングは、営業の中でも特に重要なパートです。**ヒアリング次第で契約率が大きく変わる**からです。ゆえに、以下に挙げる「**ヒアリングの4ステップ**」を、必ず覚えておきましょう。

Step1　「**状況**」を聞く
Step2　「**問題**」を聞く
Step3　「**リスク**」を聞く
Step4　「**提案の必要性**」の確認をとる

　このステップを知れば、最初はなかった「提案のチャンス」をつくれますので、絶対に覚えておきましょう。

「状況」を聞く

　まずは、「利用状況」と「ニーズの有無」を確認します。

- 「**今まで**、同様の商品・サービスを**利用**したことがあるか？」
- 「数多くの中から、それを**選択された背景**は？」
- 「どれぐらいの**頻度**で活用するのか？」
- 「**感想**は？」
- 「今後の**予定**は？」
- 「提案の**チャンス**をいただけるのか？」

「問題」を聞く

　次に、ちょっとした「不安や不便」を教えてもらいます。

- 「今後に向けて、**不安に感じること**はないか？」
- 「**不便に感じること**があれば、お聞かせいただけないか？」

　ここが商談の山場です。「**ちょっとした不安**」を教えてもらうことで、**提案のきっかけをつかめる**からです。

｜「リスク」を聞く

　その問題が解消されなければ、どうなるのかを尋ねるパート。「**もし解消されなければ、どんなことが想定されるか？**」を尋ねます。聞きにくい質問ですが、お客様に「このままではまずい」と思っていただける効果があります。

｜「提案の必要性」の確認をとる

「**●●（課題）を解消する方法を提案させてもらえないか？**」と、最後に提案の必要性を確認します。

■ ニーズを「つくり出す」ヒアリングの4ステップ

状況を聞く 仮説を投げかける	問題を 語っていただく	リスクを 語っていただく	提案の 必要性を確認
・過去、今の状況を伺う。 ・背景を伺う。 ・選定基準、評価を伺う。 ・今後の予定、意向を伺う。 ※ここで、考えてきた仮説を投げかけると商機が広がる。	「不（不便、不安）」を確認し、拡大質問を使って問題を語ってもらう。 ―どんなことになっているのか？ ―どうして、そうなったのか？ ―どのようになれば良いのか？　など	問題が解決できなかった時のリスク（影響）を、拡大質問を使い、語ってもらう。 ―もし、それが解消できないとどんなことが起こるか？	提案の必要性を確認する。 「今から、対策を考えておかれるのはいかがでしょうか？」

ONE POINT

- ヒアリングでお客様の隠れたニーズを引き出す。
- 「ヒアリングの4ステップ」次第で契約率が大きく変わる。

「お困りごとは？」と聞かずにニーズを引き出す

提案のチャンスをつかむ「聞くべき流れ」

　前項で挙げた「ヒアリングの4ステップ」のうち、ここでは最初の状況を聞くパートを解説しましょう。いきなり、お客様に「困っていることはありますか？」「今後の予定はありますか？」と聞いても、良い返答は得られないでしょう。聞くべき流れがあるからです。以下で紹介するような流れでヒアリングをすれば、提案のチャンスを得やすくなります。

Step1　今まで（現在と過去）の「**利用状況**」を伺う
Step2　「**ギャップ**」の確認をする
Step3　「**今後のニーズ**」を伺う（＝提案のチャンス）

　実はこの流れは、「**答えやすい順**」になっています。
「利用状況」については、考えずとも答えられる質問です。しかし、「ギャップ」は考えないと答えられない質問ですし、最後の「今後のニーズ」については、関係ができていない場合、営業には教えたくない質問といっても過言ではないでしょう。
　ヒアリングは、**先方が答えやすい質問から入るのが鉄則です**。あなたのヒアリングがそのようになっているか、確認をしてみてください。
　また、質問の仕方も、「いいえ」と返されるような質問ではなく、「はい」「そうだよ」と肯定的な返事をいただける内容がいいでしょう。お客様が話しやすくなります。

■「お困りごと」を直接聞かずに引き出す方法

- 「今までに、●●をお使いになったことはございますか？」
- 「差し支えなければ、どちら様のサービスでございますか？」
- 「A社様でございますか。お付き合いは長いのですか？」
- 「3年ですか。長いお付き合いだと、安心でございますね。どのくらいの頻度でご利用されているのですか？」

ギャップを確認

- 「教えていただき、ありがとうございます。ところで、このようなサービスに、求められるのはどのようなことでございますか？」
- 「○○でございますか。勉強になります。ということは、○○については、万全ということでしょうか？」
- 「失礼しました。どんなことがあるのでしょうか？」

今後のニーズを確認

- 「今後のご予定を伺ってもよろしいですか？
  「今後、またご利用されることはありそうでしょうか？」
- 「それは、どうしてですか？」
- 「ほかにより良い提案があるなら、聞いてみてもいいと思われますか？」

ONE POINT

- ヒアリングはお客様が答えやすい質問から入る。
- 「利用状況」「ギャップ」「今後のニーズ」の順に確認していく。

「いらない」と言われたら "筋の良い仮説"を投げる

ニーズを引き出す仮説を用意しよう

　状況を聞いた際、「今は予定がない」「他社で十分」と言われた場合は、"筋の良い仮説"を投げかけてみてください。商談の流れを変えられます。筋の良い仮説には2つの条件があります。

> ❶ 7割のお客様が「ないわけではない」と答えるような仮説。
> ❷ ❶に加えて、あなたの得意な提案に導ける仮説。

　具体的に会話で使う場合は、次のような感じになります。

営　業：「今は、●●については、万全ということでしょうか？」
先方様：「まあ、そうですね。特に問題はないです」
営　業：「そうでしたか。ますます安心でございますね。実は、<u>私のお客様から、よく▲▲と伺うのですが、今後を考えると、そういったことはございませんでしょうか？</u>」
先方様：「そりゃ、ないわけではないですがね……」
営　業：「失礼しました。<u>どんなことがあるのでしょうか？</u>」

　これで流れが変わりました。
　それでも「今は、大丈夫です」と断られるケースもあるでしょう。そんな時、あなたの得意な提案に導けるよう、さらに次のように聞いてみてください。
　「教えていただき、ありがとうございます。勉強のために伺って

もよろしいでしょうか？　さらに**"もっと、こうなったら"と思うこと**などがあれば、ぜひお聞かせいただければありがたいのですが、いかがでしょうか？」

　また、次のような切り返しも有効です。

「バカな質問をしてもよろしいでしょうか？　**ご満足度を10点満点でたとえるなら、何点くらい**でしょうか？」

　ここで挙げたような、"筋の良い仮説"を提示して、ヒアリングの流れを変えてみましょう。ぜひトライしてみてください。

■ ニーズがない時の対処法

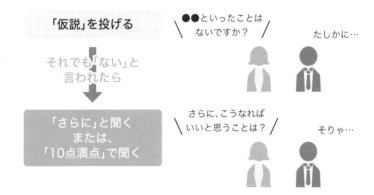

ONE POINT

- ニーズを引き出すための仮説を用意しておこう。
- 「今は良くても、今後を考えると……」と未来に向けた仮説は、どの業界の営業でも使いやすい。

「拡大質問」を活用して 問題を教えてもらう

お客様の本心を探る質問術

　状況を聞いたあとは、「ヒアリングの4ステップ」の「問題を聞く」ステップです。このステップこそが契約率を高める鍵となります。

　問題を聞く際は、78ページでも紹介した、**「拡大質問」**で聞くようにしてください。拡大質問は、「はい、いいえ」や「単語」で答えられる質問とは異なり、自由に文章で語ってもらう形式の質問です。拡大質問には、2つの効果があります。

❶ お客様の本心を語っていただける。
❷ お客様自身に考えていただくことができる。

そして、代表的なフレーズが、**「3つの"ど"」**です。

・どうして？　・どんな？　・どのような？

会話例で、その効果を確認してみましょう。

お客様：「う～ん、そりゃ、万全ということはないけどね」
営　業：「失礼しました。どのようなことがあるのですか？」
お客様：「そりゃ、もう少し安くなればいいけどね……」
営　業：「どんな背景があるのですか？」
お客様：「社長から予算を削減しろ、と言われているんだよね」
営　業：「そうでしたか。それはどうしてですか？」

お客様：「仕入れ原価が高くなっている影響なんだよね……」

営　業：「原価ですか……。どんな状況になっているのですか？」

お客様：「昨年比で2割ほど高くなっているんだよ」

営　業：「2割高ですか……お察しします。あるとすればですが、この状況に対し、山田様は、どのようにするのがよいと思っていらっしゃるのですか？

お客様：「う〜ん……。契約形態を見直すなども、必要かなぁ……」

　いかがでしょう。お客様の本心を語っていただき、さらには、「う〜ん」と考えていただくこともできました。**わかっていることでも、あえて拡大質問をして多くのことを語ってもらうのが、ニーズをつくる秘訣**なのです。

■「限定質問」と「拡大質問」の違い

	概要	例
限定質問	単語で手短に回答できる質問 ・Yes/Noで答えられる ・単語で答えられる	「ご存じですか？」「どなたですか？」 「何名ですか？」　「いつですか？」
拡大質問	考えや背景を自由に文章で語ってもらう質問	3つの"ど" ・どうして？　・どんな？　・どのような？

クッション言葉を使うと自然な流れになる

・「差し支えなければ、お伺いしてもよろしいでしょうか？　どんな……」
・「だからこそ、お伺いしてもよろしいでしょうか？　どうして……」
・「もし、あるとしたらですが……どのような」

ONE POINT

● 問題を聞く際は、拡大質問で"教わる"ように聞く。

● わかっていることでも、聞き役に徹する。

お客様に自らの「リスク」に気づいてもらう質問

聞きにくいからこそ、相応の配慮が必要

　問題を伺ったあとは、「ヒアリングの４ステップ」（114ページ）における、「リスク」を考えていただくステップに移ります。その上で、最終ステップの「提案の必要性」の確認に移ります。

　リスクとは、「**その問題が解消できなければ、どのようなことになるのか**」を指します。あえて、**お客様自身にリスクについて考えていただくことで、ニーズの重要性が高まります**。

　ただ、「リスク」については、かなり聞きにくいのも事実。聞き方を間違えれば、煽っているように思われるからです。なので配慮しながら尋ねるのが成功の鍵です。コツを紹介しましょう。

　問題を伺うヒアリングで、お客様が、

「予算に限りがあるので新たな打ち手を講ずることは難しいんだけど、現場からは、早くどうにかしてほしいとの声もあるんだよね……」

　とおっしゃったとします。オススメのフレーズは、次の２つです。

- だからこそ、伺ってもよろしいでしょうか？
- 失礼を承知で、伺ってもよろしいでしょうか？

　具体的な会話はこんな感じです。

「だからこそ、伺ってもよろしいでしょうか？　もし、おっしゃったことが解消されないと、どのようなことが想定されるのでしょうか？」

この質問は、**問題を伺ったからこそ使えるフレーズ**であり、お客様の状況を心配する質問ともいえます。

　私自身も住宅メーカーの営業を受けた際、リスクを尋ねられました。そのタイミングでは、家を買うつもりはなかったのですが、色々と放置できないことに気づけたことが機会となり、一念発起し、家を購入しました。あれから時を経た今も「あの時、購入してよかった」とつくづく感じています。気づかせてくださった営業の方には感謝しかありません。

　営業であれば、あえて、お客様からリスクを伺うようにしてみてください。今まで以上に、お客様からのニーズの重要度が高まり、感謝もされることでしょう。

■ リスクを聞くと、重要度が高まる

ONE POINT

● 問題を聞いたあと、リスクを尋ねるとチャンスは高まる。

● リスクに気づいてもらうことで、お客様から感謝されるきっかけにもなる。

「選択式の提案」で
お客様のリミットを外す

各提案の「メリット」「デメリット」の伝え方

プレゼンの基本は、90ページでも紹介したPREP法ですが、時には、**お客様の想定を超える提案をしたほうがいいこともあります**。「この予算で」とおっしゃったとしても、十分なメリットを提供できないこともあるでしょう。その場合は、「**選択肢を示すプレゼン**」がお勧めです。具体的な方法は次の通り。

まず、「**A案**」と「**B案**」を用意します。

- **A案** …… "捨て案"
- **B案** …… "本命案"

そして、次の流れでメリット・デメリットを伝えます。

- まず、**A案**の「**メリット⇒デメリット**」を伝える。
- その後、**B案**の「**デメリット⇒メリット**」を伝える。

実際にやってみましょう。

営　業：「**やり方は2つある**と存じます」

「1つは、お聞かせいただいた予算内でやる方法です。こちらの<u>メリット</u>は、うまく行けばコストを抑えられる点です。一方で、<u>デメリット</u>があるとすれば、今の相場を考えますと、期限内に納品をすることが難しくなる可能性は否めません」

「もう1つは、相場に合わせた予算を組む方法です。こちらの<u>デメリット</u>としましては、想定されているより多少コストがかかる点は否めません。一方で<u>メリット</u>は、期限内に納品できる可能性が格段に高くなる点です」

　「お急ぎと伺いました。状況を考えると、どちらがフィットしているでしょうか？」

お客様：「そりゃ、そう言われると後者かな」

営　業：「私も●●様の立場なら、その方法をとります。よろしければ、そちらで提案いたしましょうか？」

　といった流れです。

　「最安のプランでいい」「1回契約でいい」など、**お客様の要望を鵜呑みにしては、かえってお客様にメリットを提供できないこともある**ものです。そんな時は、ぜひ「選択肢」を提示しましょう。

■ 想定を超える提案は「選択式」で

| A案……捨て案 |
| メリット ▶ デメリット |

1つ目は、＊＊です。
たしかに＊＊＊＊＊＊＊は大きな魅力です。
しかし、＊＊＊＊＊＊な点は否めません。

| B案……本命案 |
| デメリット ▶ メリット |

2つ目は、＊＊です。
たしかに＊＊＊＊＊＊＊はデメリットですが、
＊＊＊＊＊＊＊＊は大きな魅力です。

いかが思われますか？
（B案かな）
私が、＊＊様の立場でも、その選択をします。

ONE POINT

- 時には、お客様の想定を超える内容のプレゼンも必要。
- お客様の想定を超える提案をする場合は、ほかの選択肢も示して、お客様に選んでいただく。

54

「フットインザドア」と
「ドアインザフェイス」

安いプランから提案するのは正解か？

質問です。こちらからプランを提示する際、どちらの順番で提案するのが正解でしょう？

A：「値段が安いプラン」から提案する
B：「比較的、高い料金のプラン」から提案をする

悩ましい命題ですが、「状況による」が正解です。答えになっていないような回答ですが、**状況によってどちらにするか、使い分ける**ということです。

お客様がまだ商品に関心を持っておらず、提案を必要としていない場合は、「料金の安いプラン」を示すのが正解です。このように、低い条件から示す交渉術を「フットインザドア」といいます。

お客様に関心を持ってもらうために、お値打ちなプランを提示し、関心を持っていただいたら、さらに充実のプランもある、と本命のプランを提示する方法です。

一方で、**お客様がすでに商品に関心を示していらっしゃる時や提案を求めていらっしゃる時は、「本命案より上の料金プラン」から提案するのが正解。高い条件から示す方法を「ドアインザフェイス」といいます。**

お客様が「いや、そこまではいらないかな」とおっしゃったあとに「では、どのくらいが、よろしいでしょうか？」と確認をすると、お客様が「本命のプラン」を選ばれるという流れです。

ということは、やってはいけないことも明確です。**お客様が関心を示していないのに、いきなり高額のプランを提案すると、お客様が逃げていく**ことが想像できるでしょう。また、関心を持っていらっしゃるお客様に、安い値段から提案をすると、必要以上に安い値段での契約になるというわけです。

　また当然ですが、ふっかけるために選択肢を示すのはNGです。あくまで、より適切なプランを選んでいただくことで、お客様に満足いただくために使ってください。

■「フットインザドア」と「ドアインザフェイス」の違い

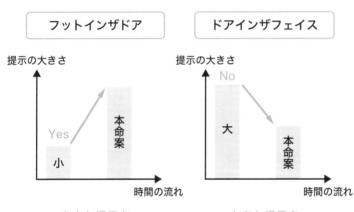

ONE POINT

- 関心がない場合は、「安いプラン」から提示する。
- 関心がある場合は、「高いプラン」から提示する。

「ゴルディロックス効果」で高単価の受注を狙う

「3案」を用意すると本命案が決まりやすい

　お勧めのプランを用意する際は、あえて3案を用意することがお勧めです。マーケティングでは、「ゴルディロックス効果」といわれ、古くから使われる手法です。日本語では、「**松竹梅理論**」などともいわれます。

松 ……**高いプラン**
竹 ……**真ん中のプラン**
梅 ……**安いプラン**

　この3種類を用意すると、多くの人は「竹」（真ん中のプラン）を選択するというもの。飲食店で「松定食」「竹定食」「梅定食」の3つを用意すれば、多くの人が「梅定食」ではなく、「竹定食」を選ぶことに由来します。

　では、一体どれぐらいの割合で、人々は「竹」を選ぶのでしょう。検証を重ねると、以下の割合に落ち着くといわれます。

松を選ぶ人……**2割**
竹を選ぶ人……**5割**
梅を選ぶ人……**3割**

　だとしたら、「竹」を本命案とし、その上下に「松」と「梅」を用意すれば、7割が上位2つの「松」か「竹」を選ぶということ。

「オリジン弁当」（オリジン東秀）の事例は有名です。幕の内弁当を1種類から3種類（並450円、上490円、特上690円）に増やしたところ、真ん中の490円の「上」（竹）が一番売れ、売れ行きが前年比で78％増になったというのです。

　ぜひ、お客様にプランを提案する際は、あえて3案を用意することをお勧めします。

　ただし注意点もあります。ここで挙げたように、メニューとして3案用意するのはもちろんOKです。しかし、**時間とコストをかけて「3つのサンプルを製作する」際は、最終的に2つはムダになってしまうので**、この点は費用対効果を考慮して判断してください。

■ 3案を用意すれば、単価が上がる

ONE POINT

● こちらからお勧めを提案する際は、その上下に「松」と「梅」を併せて用意しておく。

お客様に納得してもらう「データの示し方」

「数字のチカラ」を最大限に引き出す方法

　口頭でいくら説明しても、お客様に納得をしてもらえないことはあるでしょう。そのような場合は、データを提示しましょう。**数字には文句を言わせないパワーがある**からです。

　例えば、私がかつて従事していた求人広告の営業でも、データが大いに役立ちました。お客様の会社が提示する給与を少し上げていただくだけで良い人材が採れるのに、口頭でその旨を説明しても、簡単には承諾を得られませんでした。しかし、その給料では採用が決まっていないという客観的なデータを示すと、お客様は前向きに検討されたものです。これがデータの効果です。

　では、どのように数字が記載されている情報やデータを示せばいいのでしょうか？　種類別に、データを以下の3つに整理してみましょう。

▎1　会社が用意しているデータ

　会社が用意しているデータを使うのが営業の基本です。求人広告の営業では、地域別・業界別の有効求人倍率、平均賃金データ、採用成功事例集が準備されていたので、新人でもデータを用いた際の提案の通過率は、中堅社員と変わりませんでした。

▎2　新聞や白書などで発表されているデータ

　引用元を記した上で、資料として用意します。ただし、そのままコピーして使用するのは、著作権にひっかかるのでNGです。

3 自身で簡易的なデータを作成

　自分が担当するお客様の傾向を、数値にして伝える方法です。「弊社が担当するお客様の8割が、この条件でご利用いただいています」といった説明で使う手法です。サンプル数は少なくなるものの、自分で作成するので、その分説得力のあるデータにすることができます。ただし、信頼性には課題を残すデータなので、あくまでも参考として口頭でお示しする程度にしましょう。

　業界、会社によっては、情報の取り扱いの規定があるものです。上長と相談をしながら、あなたの営業では、どのようなデータがあれば役に立つのか、考えてみましょう。

■ 数字で語ると、説得力が高まる

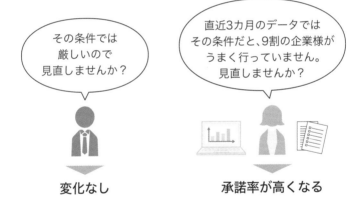

その条件では
厳しいので
見直しませんか？

直近3カ月のデータでは
その条件だと、9割の企業様が
うまく行っていません。
見直しませんか？

変化なし　　　　　承諾率が高くなる

ONE POINT

● 口頭での説明だけでは、いくら説明がうまくても納得してもらえないことがある。

● 適切なデータを用意すると、説得力が増す。

決裂回避を防ぐ奥の手「BATNA」

「最良の代替策」を示して折り合いをつける

　提案をしても「今はいらない」と言われることは、多々あります。だからこそ、「BATNA」を用意しておくといいでしょう。BATNAとは、**提案が決裂した際に用意する、「最良の代替策」**（Best Alternative to Negotiated Agreement）のこと。交渉術で紹介される手法ですが、営業では「折り合いがつかなかった時」に使うテクニックです。

　例えば、予算の折り合いがつかなかった場合で考えてみましょう。この場合、「分割払い」や「支払期日の変更」といったBATNAも選択肢としてはあるでしょう。また、契約のタイミングが「今ではない」と断られた際には、「先行予約特典」など「すぐに契約することのメリット」をBATNAとして用意しておくのも選択肢の１つです。

　では、営業で提案を行う際、どのようにBATNAを用意するといいのでしょう？　まずは、次のことをやってみてください。

❶ 断られるリスクを想定しておく。
❷ 折り合いがつかなかった際のBATNAを用意する。

　たったこれだけ。でも、意外とできていないものです。

　ある有名ホテルチェーンのタイムシェアサービス（区分保有）

の営業は秀逸なBATNAを用意していました。

「このタイミングでは、購入は難しい」とお客様が断った際、用意しているBATNAは「驚くような高級な部屋を驚くような格安で使える特別特典プラン」です。なかなか予約できない憧れの部屋です。ただし、「もう1度、提案を受けること」が条件となります。こうやって、提案のチャンスを逃さないようにしているわけです。

　折り合いがつかないことが多いからこそ、**断られることを前提にBATNAを用意しておく**のは、営業の隠れセオリーです。

■ 決裂しそうになった時の対処

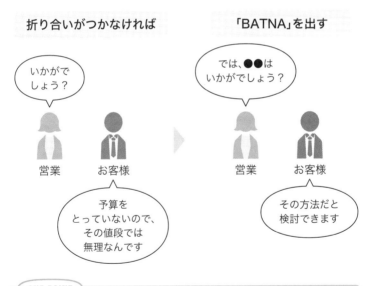

折り合いがつかなければ

「BATNA」を出す

いかがでしょう？

では、●●はいかがでしょう？

営業　お客様

営業　お客様

予算をとっていないので、その値段では無理なんです

その方法だと検討できます

ONE POINT

・断られることをあらかじめ想定し、代替策（BATNA）を用意しておこう。

クロージング❶

意思決定を促す
「クロージング」の基本

お客様から"納得"をいただくためにやるべきこと

　商談の締めくくりはクロージングですが、実は苦手とする営業が少なくありません。「お客様に嫌われるのでは……」と不安を感じるからなのですが、実は逆なのです。

　お客様が自分から「じゃ、お願いします」と言うのは、気分の良いものではありません。**クロージングは、お客様の意思決定を促すサービスと心得ておきましょう。**では、流れを解説します。

Step1　テストクロージング

- 契約への関心を確認する。

　例「先に在庫を確認し、あれば押さえておきましょうか？」
　　「先にプランを作成させていただきましょうか？」

Step2　ダイレクトクロージング

- 契約をいただくことを打診する。

　例「お手数をおかけしないためにも、もうお決めいただいているということでしたら、先にお申込書を作成させていただくのはいかがでしょうか？」

Step3　反論対処

- お客様から、「ちょっと待って」と言われた際に、納得いただくように、丁寧に対処する（→136ページで解説）。

Step4　仮定クロージング

- 「もし、問題がないなら」とクロージングを行う。

　例「他にご不明な点はございませんか？　もし、他にご不安な点がなければこの方向でいかがでしょうか？」

クロージングは「説得」をするのではなく、「納得」をいただくためのプロセスです。いかなる場合でも、お客様が納得するように丁寧に行いましょう。

■「クロージング」の基本ステップ

種類	目的	トーク例
テストクロージング	契約への関心を確認	「先に●●をつくらせていただいてもよろしいですか？」 「では、●●を手配しておきますね」
ダイレクトクロージング	契約の意思を確認	「では、進めさせていただくことでよろしいですか？」
担当者の反論 **仮定クロージング**	反論に対応	「■■を解決されれば、問題はなくなりますか？」

ONE POINT

- クロージングは意思決定を促すサービスであると心得ておく。
- 即決が可能な営業では、即決を狙うのが定石。
- 即決が難しい営業の場合は、ダイレクトクロージングを試みる。「検討のボードに上げていただくのはいかがでしょう？」と提案するのもOK。
- 納得をいただくため、疑問や不安を丁寧に取り除く。

"No"を"Yes"に変える クロージングの「反論対処」

お客様の「No」を文字通りに受け取ってはいけない

クロージングをすると、お客様から「ちょっと待って」と遮られるケースはあります。ここで必要なのが、**疑問や不安を丁寧に解消する対話**です。これが、「反論対処」のプロセスです。

実は、お客様の反論は、3つに分けられます。これらに対し、適切に対処することが鍵となります。解説しましょう。

1 確証が得られない不安への対応

「**本当に**、コストを抑えられるのかなぁ……」

「**本当に**、効果が得られるのかなぁ……」などが代表例。

対処法

データや事例を紹介することで、解消を促す。あらかじめ、データや事例を用意しておくこと。

2 条件不満への対応

契約の交換条件として、無理な要求をおっしゃることも。

「**やはり**、少しは値引きしてもらうことが条件かな」

「**やはり**、●●はつけてもらわないとね……」などが代表例。

対処法

ヒアリングで伺った「問題」や「リスク」を再確認。「そうさせていただきたいのはヤマヤマなのですが、できないのが現状なのです。先ほど、■■と伺いました。この点はいかがでしょう？」と論点を戻す。

3 決裁が別のケースへの対応

「私の一存では決められません」などが代表例。

対処法

- まず、**担当者（商談相手）の意向度**を確認する。
- その上で、**失注リスクを確認**しておく。「他社にも声をかけているのか」「誰が」「どんな基準で」「いつ」決めるのか、など。
- その際、**必要な情報があれば提供**する。
- 可能なら、**決裁者と話をする機会**を依頼する。

まず、この3つの方法を押さえれば、丁寧に反論対処ができます。ぜひトライしてみてください。

■ 反論対処は「説得」ではなく、「納得」を促す場

反論の種類		具体的対応
担当者の反論	納得不足への対応 確証不足 本当に大丈夫？	必要な情報提示 ・事例、データ等をあらかじめ用意をしておく
	条件不満 値引き、納期、製品性能など	ヒアリング時の「リスク」の再確認 ・ヒアリング時にリスクを把握しておくことが重要となる
	決裁者が別のケースへの対応	決裁者に正しく提案が伝わるようにする ・「担当者」の所感を確認しておく ・「誰が」「どんな基準で」「いつ」「どのように」決裁するのかを確認する ・決裁者を同席させてもらう。もしくは担当者がプレゼンしやすい資料を用意する。

ONE POINT

- お客様の反論は「No」ではなく、「疑問解消のプロセス」であると心得る。
- 説得をせず、丁寧に対処することで納得を得る。

TECHNIC
60

契約のとりこぼしを防ぐ「追客」のワザ

お客様からの「返事」を待ってはいけない

クロージングまでいったとしても、すべてが契約に至るわけではありません。「検討します」「こちらから連絡します」と言われることも少なくはないでしょう。しかし、ここからが勝負です。

クロージング後のフォローを「追客」といいます。追客でやるべきことをすれば、契約の確率をさらに高めることができます。

追客の段階でやってはいけないことは、「返事を待つ」ことです。営業は"こちらから行動を起こす職業"と肝に銘じておきましょう。

では、追客でやるべきステップを紹介しましょう。

Step1 **返事をもらえなかった際は「結論の日」を伺う**

- その日に、連絡をさせていただく旨を伝える。

Step2 **商談後にお礼のメールを送る**

- できれば、お客様にとって役立つ情報などを添える。

Step3 **結論の日が来たら、こちらから連絡をする**

- 断られたら、今後も連絡をさせていただく旨を伝える。

Step4 **断られたとしても、定期的に連絡をする**

- 次の機会に声をかけてもらえるように、「忘れられない」ことが大切。

しかし、「結論をもらえなかったお客様に"こちらから"アプローチすると、しつこいと思われるのでは？」と考えてしまう人も多いのではないでしょうか。その対処法も紹介しておきましょう。

先ほどのStep3でも記したように、「連絡をさせていただく旨」を伝えておく——これだけで解消します。事前にそう伝えておくことで、"しつこい"ではなく、むしろ"熱心な"営業と思っていただけます。

■「追客」でやってはいけないこと

どんな「ネクストアクション」をとるべきなのかが見えなくて、放置をしてしまい、行動をとらない。
周囲の方にも相談をする（上司、先輩、同僚）。

結果の白黒を不明なままにしてしまう。
・憶測（たぶん……）で終わらせない。
・失注していた場合、どのように決定されたのかを確認。
・失注の理由も把握しておく。

失注した場合であっても、継続して連絡することの承諾（約束）を取りつける。
・タイミングを見計らって、改めて連絡をする（発注をいただくチャンスになる）。

ONE POINT

● お客様からの返事を待たない。こちらから連絡する。
● 連絡をさせていただく旨を伝えることもお勧め。
● 継続的に接点を持つことで、チャンスをゲットする。

顧客・会社理解編

● コミュニケーションスタイルや志向から
　お客様の「タイプを理解」する方法

● ホームページなどの情報から
　お客様の「会社を理解」する方法

「ソーシャルスタイル理論」で読み解くお客様のタイプ

「担当を替えて」と言われないために

　どの組織にも、必ず「相性が合わない人」はいます。しかし、営業はお客様を選り好みはできませんし、100人のお客様がいらっしゃれば、すべてのお客様と相性を合わせるのが仕事です。だからこそ、知っておきたいのが「**ソーシャルスタイル理論**」です。

　ソーシャルスタイル理論とは、1968年アメリカの産業心理学者であるディビット・メリル氏によって提唱された概念で、「**相手のコミュニケーションスタイルの傾向を知り、タイプの違いを認識することで、対人関係の向上を図る**」というものです。
「**感情**」と「**自己主張**」の大小を軸に、相手のコミュニケーションスタイルを４つのタイプに分けて考えるのが特徴で、それぞれのタイプに対応したコミュニケーションをとることで、人間関係がうまくいくとされています。

　具体的には、図のように「感情」と「自己主張」の軸によって、人の言動を次の４つのタイプに分類します。

❶勝負重視型………ドライビング
❷注目重視型………エクスプレッシブ
❸気持ち重視型……エミアブル
❹理論重視型………アナリティカル

それぞれのタイプに合わせたコミュニケーションがとれるよう

になれば、いかなるお客様とも相性を合わせることができるようになります。営業として、ぜひ覚えておきたい理論です。

■「ソーシャルスタイル理論」とは？

寡黙なタイプ。
自分なりの理屈を持ち、プロセスにこだわる。

表情が出にくい
（話す際、無表情が多い）
具体的な表現
（数字で表現、事実ベース）
仕事では雑談しない傾向

淡々と早口で自己主張し、自分のやり方に自信がある。
結果にこだわる。

アナリティカル
理屈が大事

ドライビング
勝利が大事

小
感情

ゆっくり話す傾向
聞き手になる傾向

小　自己主張　大

早口の傾向
自分から意見を言う

エミアブル
みんなの
気持ちが大事

エクスプレッシブ
注目が大事

大

温和なタイプ。
自己主張は控えめで、みんなの気持ちを大事にする。

表情が豊か
（笑顔が多い）
抽象的な表現
（いつも、みんな等）
仕事でも雑談する傾向

ノリのいいタイプ。
ジェスチャーをつけて話し、アイデアマンで行動力がある。

ONE POINT

- 営業にとって相性とは「合うかどうか」を語るものではなく、「合わせる」もの。
- 相手に合わせるためには、「ソーシャルスタイル理論」を活用してみるのが有効。

62

せっかちで、ちょっと強引？「ドライビング」への対応

ストレートな言い方をするお客様への接し方

では、各ソーシャルスタイルの解説に移りましょう。

まず、1つ目のタイプは「**ドライビング**」です。ドライビングは、**淡々としながらも、早口で力強く語るイメージの方**です。人によっては、相手に緊張感を与えることもあります。

まどろっこしいことは嫌いで、**合理的に目的を達成する**ことに**重きを置き、「勝利」「達成」に執着**します。では、このタイプの特徴と対処を確認しておきましょう。

ドライビングの特徴

• 感情（表情）は出ない。早口で淡々と自分の意見を言う。
• せっかちで負けず嫌い。目的のためには、厳しい判断も辞さない。

著名人のイメージ：永守重信氏（日本電産創業者）、ひろゆき氏、イチロー氏（元野球選手）

ドライビングのお客様への対策

① **まどろっこしい会話をしない**

• 結論から話し、そのあとに理由を伝え、具体策を伝える。
• 商談の際は、雑談はそこそこに。

② **スピードにこだわる**

• 期限を明確にする（「なるべく早く」などと曖昧にするとトラブルのもと）。

- 早めに期限を設定する（ただし、ある程度の余裕を持っておくこと。期限よりさらに早めに済ませるくらいがベスト）。

③ 選択肢を示す
- 自分で決めたいと考えるタイプ。提案をする時は2〜3案を示し、意見を伺う流れがベスト。

プライベートと仕事のモードを変える人も多く、仕事の時はビジネスライクに接することが正解です。

■「ドライビング」への接し方

いいね！

① 明確さが大事！ 結論から伝える

② スピードにこだわる

③ 選択肢を示す

ONE POINT

- ドライビングのお客様と仕事をする際は、「好かれよう」とするのは逆効果。
- 営業としては、「段取りが良く、結果にこだわる人」に徹するのが正解。

ノリがいいけど、適当？「エクスプレッシブ」への対応

コロコロ言うことが変わるお客様への接し方

　次のタイプは「**エクスプレッシブ**」です。エクスプレッシブは、**感情表現が豊かで、なおかつ自己主張も強いタイプ**です。話す時に、身振り手振りをつけたり、エピソードや比喩を用いて情感たっぷりに話をする人が多いのが特徴。話を盛る人も少なくありません。「**注目をされること」を好む**からです。

　気分で言うことが変わることもあり、その思いつきで、周囲を混乱させる場面もあります。では、エクスプレッシブの方の特徴と対処法を確認しておきましょう。

エクスプレッシブの特徴

- 感情（表情）は出る。ジェスチャーが伴うことも多い。明るい雰囲気で、よくしゃべる。
- ノリがいい。注目されることを好む。
- 新しいこと、話題性のあることが好き。

    著名人のイメージ：本田宗一郎氏（本田技研工業創業者）、明石家さんま氏、新庄剛志氏（元野球選手）

エクスプレッシブの方への対策

① 重要なことは気が変わらないうちに済ませる。

　言うことがコロコロ変わるので、事務手続き（契約）などは早めに対応を。

② 話が脱線しがち

ノリを大事にしつつも「さすがですね。こういうことですか？」と要約をする。

③ データを淡々と語らない。あくまで参考程度に

データを語るより、新しさや注目される可能性を語ったほうが効果がある。

　仕事とプライベートでコミュニケーションのスタイルが変わらないのもこのタイプの特徴。ビジネスライクに接するより、お客様の考えや取り組まれていることを笑顔で、「勉強になります！」「そんなことが！」と共感しながら聞くのが正解です。

■「エクスプレッシブ」への接し方

よし、その方向でやりましょう

① 気が変わらないうちに手続きを

② ノリを大事に、共感をする

③ 新しさ、話題になることを訴求

ONE POINT

- エクスプレッシブのお客様と仕事をする際は、共感しながら聞き役にまわるのが正解。
- 細かい説明を長々とするより、企画がどれほどユニークなのか、本人や周囲の人がいかに心が揺さぶられるのかを語るのが得策。

優しいけど、優柔不断？「エミアブル」への対応

煮え切らないタイプのお客様への接し方

　次のタイプは「**エミアブル**」です。エミアブルはひとことでいうと「柔和で穏やかな」タイプ。**ニコニコとしながら、自己主張も控え目**です。あなたが話す時、微笑みを浮かべながら、やさしく聞いてくれるイメージです。「みんなの気持ちはどうなのか？」「みんなはどう考えているのか？」「これをすることによって、みんなの気持ちが痛むことはないのか」というように、**他人の気持ちを重視**します。

　ゆえに、なかなか思い切った決断ができないのもこのタイプの特徴です。では、エミアブルのお客様への対応を確認しておきましょう。

エミアブルの特徴

- 感情（表情）は出る。「話す」より「聴く」。気を配り、配慮を大事にする。和やかに人の話を聴く人。
- 人の気持ちや全体の調和を重視する。平和志向。
- 1人で決めることは苦手。人によっては、それが優柔不断に見えることも。

　　著名人のイメージ：小巻亜矢氏（サンリオエンターテイメント社長）、関根勤氏、稲葉篤紀氏（元野球選手）

エミアブルの方への対策

① 1人で決めるのが苦手なので、こちらでリードしていく

　選択肢を示すのではなく、「差し支えなければ、一緒に考えませ

んか？」と相談に乗るスタイルでリードする。

② 「わかった」と言いながら、返事を先延ばしにする人も

ルーズととらえるのではなく、なんらかの「迷い」があることを疑う。まずは、迷いの内容の確認を。

③ 会話に目的を求めなくてもＯＫ

会話の内容よりも、共有する時間に価値を感じる。仕事をする相手を選ぶ際も「人柄の良さ」「気配り」を大切にする傾向がある。

エミアブルのお客様には、穏やかな雰囲気で共感しながら会話を楽しむ余裕を持ちながらも、こちらがリードするのが正解です。

■「エミアブル」への接し方

助かります

① 相談に乗るスタイルでリード

② 迷いがないかを確認

③ 気配り、マナーを大切に

ONE POINT

- エミアブルと仕事をする際は、穏やかな雰囲気での会話を心がける。
- 礼儀、マナーを大切にしつつ、こちらからリードしていく。

言葉が少なく、沈黙も 「アナリティカル」への対応

考える時間が長いお客様への接し方

　最後のタイプは「**アナリティカル**」です。アナリティカルは、口数の少ない寡黙なタイプです。**感情が表に出ず、自己主張も控え目です。**無口な人が多いため、周囲の空気が重くなることも。

　小さな声で、淡々と自分の理屈を語る、もしくは沈黙になりがちなら、このタイプ。物事を分析的にとらえる傾向があり、**自分なりの理屈を大事に**します。ゆえに、データや前例、法則、理論を判断のよりどころにします。

アナリティカルの特徴

- 物事の本質を考えることが好き。寡黙なのはそのため。
- 感覚的な判断を嫌う。データや情報、法則から、独自の見解を持つことが好き。ゆえに、人によっては頑固な側面も。

　著名人のイメージ：稲盛和夫氏（京セラ創業者）、タモリ氏、森保一氏（サッカー日本代表監督）

アナリティカルへの対策

① 沈黙は考えを整理する時間。せかさず、待つ

　頭の中で整理しているだけなので、沈黙で問題ない。

②「何を大事にしているのか」を先に確認をする

　どんなに良い提案だとしても、その理屈を把握できないと共感を得にくい。

③ 前例やデータを示すのも得策

感覚に訴えるより、事実を示すのがベター。

④ デッドライン（締切）を決めておく

慎重に検討する傾向があり、時間がかかることも多い。

　もし、あなたがせっかちなタイプなら、アナリティカルの慎重さにストレスを感じるかもしれません。しかし、アナリティカルは気持ちが変わりにくく、長いお付き合いをしていただけるお客様でもあるのです。しっかりとタイプの特徴を理解しておきましょう。

■「アナリティカル」への接し方

色々な角度から
検討してみます

① 沈黙は、せかさずに待つ
（だたしデッドラインは決める）

② 「何を大事にしているのか」を確認

③ 前例やデータを示すのも得策

ONE POINT

● アナリティカルと仕事をする際、熟考を重ねる傾向があり、すぐに返事がもらえないこともある。

● 焦らずに、「何があれば決めていただけるのか」を確認するのが得策。

TECHNIC 66

「目的志向」「問題回避志向」でお客様を分析する

関心の方向を探る「プロファイリング」の技術

ソーシャルスタイルとは別の切り口で、相手を理解する方法も紹介しましょう。「**プロファイリング**」の技術です。

お客様が意思決定をする際、**関心が"どの方向"に向いているのか**を知ると、あなたが提案で用いる言葉も変わります。関心の方向は、大きく「**目的志向**」と「**問題回避志向**」に分かれます。

目的志向の人に共通するのは、「目標達成」から逆算をし、必要な選択をすることです。一方で、目的につながらないことには関心を示しません。

問題回避志向の人は、問題に遭遇しないよう予防することに関心が向いています。目標を掲げて邁進するよりは、脅威を避けることにエネルギーを注ぐタイプです。

おおむね8割の人は、このどちらかになるといわれており、その8割の人の中で分類すると、2つのタイプの割合は半々です。

この2つのタイプを理解しておくと、提案をする際の言葉の使い方も変わってきます。

目的志向のタイプのお客様には、
- 「○○を達成するために不可欠となる鍵です」
- 「○○を獲得する絶好のチャンスです」
- 「まさに、今こそ手に入れるチャンスです」
  など、ポジティブな表現を入れるようにします。

一方で、問題回避タイプには、

- 「○○にならないように、今のうちに……」
- 「○○を回避すべく」
- 「○○しなくていいように」

　など、防衛的な表現を入れるようにします。

　相手のタイプを見極める時も、相手がこういった言葉を使っているかどうかで見極めることができます。ちょっとしたことですが、提案が通りやすくなるテクニックですので、覚えておくといいでしょう。

■ 相手のタイプに応じた言葉を使う

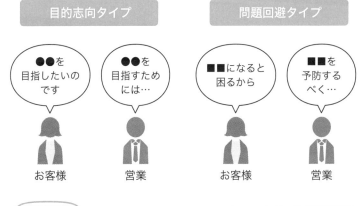

ONE POINT

- お客様が使う言葉で、「目的志向」なのか「問題回避志向」なのかを確認できる。
- 相手が使う言葉をこちらも使えば、自然とそのタイプの志向に寄り添った提案ができる。

TECHNIC

67

「顧客習慣」を
踏まえた提案をする

「人は変化を嫌う」は本当だった

　販売の分野では「**顧客習慣**」という考え方が注目されています。**お客様は "変わらない"ことに価値を感じる**という理論です。たしかに、普段は「赤色」のコカコーラの缶の色が「青色」に変わったらどうでしょう。「いつもと違う」と親近感を持ちにくくなる人が少なくないことは、容易に想像できます。

　これこそが顧客習慣です。**顧客の日常に "入り込む"ことで、選択のストレスからお客様を解放する**という側面もあります。

　元プロクター・アンド・ギャンブルCEOのアラン G . ラフリーと、元トロント大学ロットマンスクール・オブ・ビジネス学長のロジャー L . マーティンが、「顧客の『選択』を『習慣』に変える」という論文でこの概念を提唱し、注目されています。

　実際、前項で紹介したプロファイリングの研究でも、「**ほぼ同じ状態が続くことを好む**」、または「**全く変わらないことを好む**」人**の割合は、実に7割程度である**という調査もあります。つまり、お客様の顧客習慣を壊さないようケアすることも、営業には不可欠なのです。

　いくら良い提案だとしても、お客様に変化を強いるような「斬新な提案」は、拒否されるリスクがあることを忘れてはいけません。

　そうならないためには、次のように進めるといいでしょう。

| Step1 | まずは、「**斬新な提案**」をし、お客様の反応を伺う。 |
| Step2 | オプションとして、「**小さく改善を加える**」「**期間を限定する**」など、変化への抵抗を取り除く提案をする。 |

このようにすることで、「変化を求めるタイプ」「変化を好まないタイプ」の双方にフィットする提案をすることができます。

■ 新しい提案は２ステップで行う

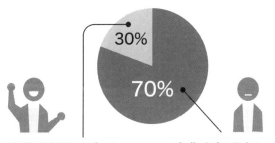

変化を好む人向け　　　　　　変化を好まない人向け

| Step1 | Step2 |
| 最初に新しい提案を投げかける | 反応を見ながら、「小さく実験」する提案に切り替える |

ONE POINT

- 良い提案が必ずしも通るわけではない。「変化を嫌がる」人のほうが多い。
- 変化を強いる提案の場合、2ステップで提案をすると承諾率が上がる。

「3C分析」でお客様の会社を"予習"する

会社の「概要」が簡単にわかる分析手法

ここからは法人営業における「顧客理解」の方法を紹介しましょう。お客様に「そんなことも知らないの」と思われないためにもお客様の会社や業界についての"予習"は必要です。でも、時間をかけて調べるのは得策ではありません。**短時間で"アタリ"をつけるのが、営業における予習の在り方**です。

まずはお客様の会社のことを"ある程度"でいいので理解しておきましょう。「**3C分析**」のフレームで調べると、短時間でアタリをつけることができます。

3C分析とは、その会社を取り巻く状況を整理する有名なビジネスフレームです。次の3つの要素でアタリをつけます。

自社（Company）……その会社のこと
顧客（Customer）……その会社の顧客のこと
競合（Competitor）……その会社の競合のこと

お客様の会社のホームページの「**企業概要**」から設立年、従業員数、社長のお名前、「**事業紹介**」から扱っているサービスを確認するといいでしょう。さらに知っておきたいのは「**沿革**」です。担当する会社の歴史を知っていることも、営業としては重要です。上場企業の場合は、ホームページに記載されているIR情報の「**有価証券報告書**」で、未上場の場合は、「**業界研究**」のさまざまなサイトで調べてみましょう。

もちろん、インターネット上で調べても、その会社の全容の2〜3割しか把握できません。そのほかのことは、お客様に直接伺うことが基本です。とはいえ、ある程度事前に、3C分析のフレームで整理しておくことをお勧めします。「そんなことも知らないの?」と言われないための予防になります。

■ わかる範囲でOK。短時間で確認を

このページをサラっと確認

「企業概要」「沿革」「事業紹介」「経営者のメッセージ」
「経営理念」「投資家情報」(IR情報)

Customer
顧客・市場

3C

Competitor
競合

Company
自社

顧客・市場	■お客様のお客様は?　■業界の状況は?
自　社	■何屋さん?　■どれくらいの規模?　■どんな考えの会社?
競　合	■お客様の同業は?　　■同業の動きは?

ONE POINT

● わかる範囲でいいので、サラッとお客様の会社の予習をしておく。

● ホームページの"タブ"をクリックして、「会社概要」「沿革」「事業紹介」「経営者のメッセージ」「経営理念」「投資家情報」(IR情報)をわかる範囲でチェックする。

CHAPTER 5
顧客・会社理解編

「経営理念」を知れば
"説得力"が上がる

「会社のルール」を知って営業活動に役立てる

　お客様の会社の「経営理念」と「経営者のメッセージ」は、営業担当としてぜひ把握しておいてください。あなたの説得力が格段に高まります。

　「企業理念」と「経営理念」。この２つは違います。**企業理念は創業時からの指針ですが、経営理念は"今の社長"が"強くメッセージ"を発していること**です。どちらも大事なのですが、"今"のメッセージで現場は動きます。

　たとえるなら「経営理念」は "その会社の条例"のようなものだと考えておくといいでしょう。各部門はその条例を判断のよりどころにしていると考えてください。なので、**経営理念を知っていると、提案が通りやすくなる**わけです。

　例えば、仮にあなたがユニクロを展開するファーストリテイリングを担当していたとしましょう。時代によって変わるのですが、ある時の経営者のメッセージには、経営理念として「正しい経営」といったキーワードが散見されました。そうなると、こんな会話がNGとなるわけです。

お客様：「ウチは『正しさを追求する』というポリシーがあるのですよ」

営　業：「へ～、そうなのですね」

お客様：（え、調べていないの？）

一方で、こんな会話ができると提案が通りやすくなります。

営　業：「よって、この●●は、次の"正しさを追求される"こと
　　　　への一助になると考えております。いかが思われます
　　　　か？」
お客様：「そう言われると、たしかになぁ……」

　経営理念は、会社のホームページを見るだけでチェックできる
のですから、担当営業として、やらない手はないでしょう。

■ 経営理念やメッセージを知れば、お客様のルールがわかる

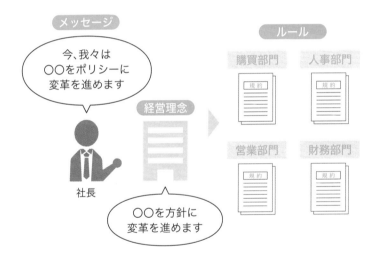

ONE POINT

● 経営理念や経営者のメッセージから、キーワードを把
　握しておく。
● 必要に応じて、キーワードに触れながら提案をすると
　効果的（丸覚えをしなくてもOK）。

会社の「沿革」を知って 「拡張自我」に訴える

訪問前に、"歴史"を確認すると会話が成り上がる

　会社の沿革とは、企業の「過去における重要なできごと」のことです。ホームページには必ず載っています。**企業の「重要な出来事」を知ることは、関係性を構築する上で重要な切り口になります**ので、必ず事前に確認しておきましょう。会話がこんな感じになります。

営　業：「六本木に移転されて、今年で<u>15年目</u>ですよね」
お客様：「そうなんです。あっという間でした」
営　業：「その時から、いらっしゃったのですか？」
お客様：「ええ、懐かしいです」
営　業：「随分と変わったのではないですか？」
お客様：「本当にそうです。あの時は……」（省略）

　一気に関係性が良くなることがわかるでしょう。これは、心理学の視点からも説明がつきます。

　自分が大事にしているものに関心を持ってもらえると、あたかも自分にも関心を持ってもらえているような喜びを感じる、「**拡張自我**」といわれる心理効果によるもの。

　ホームページに記載される「沿革」は、その会社で働く従業員にとっても、とても重要な出来事なのです。ゆえに、それを知っているだけで一気に関係が良くなるというわけです。

　沿革の調べ方は、ホームページで確認するほか、Wikipediaで

も確認できることがあります。ただしWikipediaには会社のホームページでは語らないような、ネガティブな情報も載っていることも少なくありません。

　このような話題は商談では触れる必要はありませんが、担当営業として知っておいたほうがいいでしょう。

■ 正確な「年」を把握しておく（商談前に確認を）

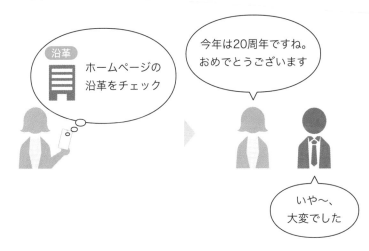

ONE POINT

- お客様の会社の歴史を調べて話題にすると、親密になりやすい。
- 会社の歴史を知るために、ホームページなどで沿革の確認を。
- 年号を正確に把握しておくと、スゴいと思われる（創業年、移転の年、●●地域に展開した年など）。

71
「誰に」「何を」「どのように」で会社を把握する

イマイチわからない業界の概要が見えてくる

　ITソリューション、ゼネコン、デベロッパー……営業をしていると、イマイチよくわからない業界に遭遇することもあるでしょう。とはいえ、事前にある程度の把握をしておくことは絶対に必要です。

　このような際は、先ほど紹介した3C分析も使えますが、別の切り口も知っておくといいでしょう。**「誰に」「何を」「どのように」販売しているのかで整理をする方法**です。

　例えば、ITソリューションを提供する会社がお客様だとしましょう。ITソリューションといっても、その内容は多種多様ですので、整理が必要です。

　「誰に」はターゲット。どんなお客様に対して販売されているのか？　業界、地域、年齢層や性別などを確認します。

　「何を」は、具体的なサービス。ITソリューションといっても、「セキュリティサービス」「オフィスのネットワークの最適化」「アプリの開発」など、多種多様です。

　「どのように」は販売方法。自社の営業が販売するのか、ネット広告で集客をするのか、直販ではなく代理店に販売をしてもらっているのか──これも多種多様です。

これらの事柄について、ホームページで2〜3割程度を予習しながらも、実際にお客様から教えてもらいましょう。

「予習はしているのですが、私の理解が追いついていない点がありまして、教えていただいても、よろしいでしょうか?」と聞けば、失礼にあたりません。

■「誰に」「何を」「どのように」で会社を整理

誰に販売?

ターゲット

ITソリューションって…?

何を販売?

具体的なサービス

どのように販売?

販売方法

ONE POINT

● よくわからない業界のお客様は、3Cの視点で整理をするか、「誰に」「何を」「どのように」の視点で整理をする。

● 事前にホームページなどで2〜3割を予習し、残りはお客様に教えていただく姿勢で臨もう。

CHAPTER 5

顧客・会社理解編

163

「事業計画」を知れば提案のチャンスが3倍増える

ニーズは「ある」ではなく「つくる」もの

「ニーズがない」と嘆く営業は少なくありませんが、多くの場合、「ニーズを探せなかった」だけです。営業は、さまざまな角度から「仮説」を立ててニーズをつくるのが仕事。その中でも最も重要な方法が、**会社の「事業計画」から課題を探る**ことなのです。

　実は私も、この方法でトップセールスになれたと言っても過言ではありません。この方法を知っていると、どんな状況になっても提案数が減らないのです。景気が悪くても関係ありません。**確実に提案のチャンスをつくることができる魔法のような方法**と言いたいくらいです。実際の会話はこんな感じです。

お客様：「おかげさまで、今は新たな注文はないよ」

営　業：「そうでしたか。かしこまりました。そうそう、1つ伺ってもよろしいですか？　3年で150億円分の売上を伸ばされるとのことですが、どのようにして達成されるおつもりなのですか？」

お客様：「いよいよ、○○地域に進出するんですよね。一気に20店、出店する予定です」

営　業：「それは楽しみですね！　ところで、その計画での懸念点やご不安な点などはございませんか？」

お客様：「実は、ロジスティックスに課題があって……」

　このように、**潜在ニーズは、事業計画に隠れていることが少なくない**のです。

上場企業では、ホームページの投資家向けIR情報で事業計画をガラス張りにしてくれています。未上場の場合はお客様にヒアリングをすることで把握しましょう。

　事業計画でまず**押さえておきたいのは、1〜3年スパンの「売上」や、「営業利益」の計画**です。これらは、その会社の本業を強化する重要指標ですので、まずはここをチェックしておくといいでしょう。

　その上で、お客様に「実現させる方法」や「不安な点」を確認しておけば、私の経験則では、提案のチャンスは3倍以上に広がります。

■「事業計画」を調べて、ニーズをつくる商談を生み出す

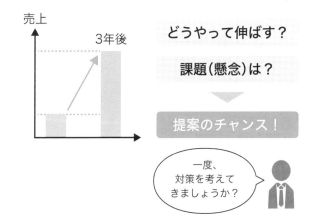

ONE POINT

● 上場企業はIR情報で、未上場企業はヒアリングで、お客様の事業計画を把握する。

● 事業計画を進める上で、課題になっていることを伺う。そこに提案のチャンスが隠れている。

「IR情報」をチェックして
提案の仮説を立てる

投資家向けの情報が営業に役立つことも

IR（Investor Relations）とは、上場企業が投資家に向けて開示している情報の総称を指します。その会社のホームページから、誰もが見ることができます。企業の業績やビジネスモデル、強み、弱みなどの詳しい情報を効率的に知ることができますので、営業としても、**提案の仮説を考える際、活用したい「情報の宝庫」**といっても過言ではありません。

でも、IR情報は膨大です。どこを見たらいいのかわからないといった声も多いのが実情ですが、営業として見るべきは、大きく次の2つの資料です。

- **有価証券報告書**（四半期より、通期のものがよい。情報が多い）
- **アニュアルレポート**

「**有価証券報告書**」は、決算後の企業状況をまとめた書類（PDF）です。膨大な情報が掲載されていますが、営業が確認しておくべき項目は、主に次の部分です。飛ばし読みでかまわないので、目を通しておきましょう。

- **経営指標の推移**…………過去5年間の売上、営業利益確認
- **経営方針及び課題**………注力する事業、将来性や課題を確認
- **事業等のリスク**…………記載されるリスクを確認
- **事業別セグメント情報**…事業別の業績を確認

「アニュアルレポート」は、「**年次報告書**」とも呼ばれ、財務情報に加え、経営者のメッセージや事業の紹介などをまとめたもの。読みやすくまとまっていますので、有価証券報告書では捕捉できない情報を確認する際に使うといいでしょう。

デスクの前で1時間もかけて調べずとも、少し慣れれば、移動時間中にスマホでも確認できます。「調べる時間は最短で！」——これができる営業の鉄則です。

■ ＩＲ情報は、2つの項目をとりあえずチェック！

「投資家情報」(IR情報)のページをチェック

有価証券報告書

アニュアルレポート

事業別だと、課題が違うな…

2年で100億円もA事業で伸ばす計画か…

ONE POINT

- 上場企業のホームページには必ずIR情報がある。
- 有価証券報告書、アニュアルレポートをまずチェック。
- 事業の課題、経営方針を確認し、状況を確認。
- IR情報から、提案の仮説を立てられないかを考える。

CHAPTER **5**
顧客・会社理解編

業績でチェックすべきは「売上」と「営業利益」

“利益の種類”は最低限、覚えておこう

　私の恥ずかしい失敗談を紹介しましょう。新人の頃、お客様に「今期の利益はいかがですか？」と聞いた際、こう返ってきたのです。「**利益って、どの利益？**」と。そこで、よくわからず、「今年の利益です」と答えたのですが、“利益の種類”を知っている人であれば、ありえない返答です。**営業といえども、利益の種類は知っておかないと、常識として恥をかきますし、お客様への理解が**おろそかになると言っても過言ではありません。まず、営業が利益に関する数字で知るべきなのは、「売上」と「営業利益」の２つです。

「**売上**」は、その会社の商品やサービスが「どれだけ売れたか」を示す指標です。１年単位であれば「**年商**」ともいわれます。一方、「**営業利益**」は本業の業績（収益力の強さ）を表します。

　年商100億円の会社でも、「**営業利益率**」によって、営業利益（本業の収益）は異なり、営業利益は以下のように大きく変わります。

- **営業利益率30%** ……年商100億円で、営業利益30億円
- **営業利益率1%** ……年商100億円で、営業利益1億円

　同じ売上でも、営業利益の差は30倍にもなるのです。

　この場合、前者の会社だと、さらに「売上を拡大する」ことが課題になることが多く、後者の会社は「利益率の改善」（コスト削減、事業構造の変革）が課題になることが少なくありません。

営業活動では、次のように尋ねるといいでしょう。「**御社の今期の方針は、売上の拡大ですか？　それとも営業利益率のアップですか？**」と（"改善"と言うのは失礼ですので注意を）。

ここを押さえておくと、提案の内容も変わってきます。上場企業の場合はIR情報で確認できます。未上場の場合はお客様に状況を聞いてみましょう。

■ お客様の会社の「売上」「営業利益率」の推移を確認しよう

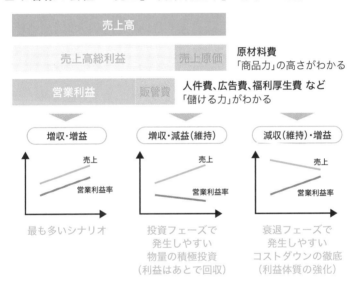

ONE POINT

● IR情報などで「売上」「営業利益率」の推移を確認しておく。

● 利益を増やすには、コスト構造を見直し、「営業利益率」を高めるのか、何らかの一手で「売上増大」を増やすのかになる。ここに提案の仮説をつくれないか、考えてみる。

お客様の「決算月」をチェックしておく

決算前は営業の「ボーナスチャンス」になることも

　事業年度の最後の月を「**決算月**」といいます。法人営業の場合、この決算月の１〜３カ月前には営業をかけることが鉄則中の鉄則です。理由は２つ。

> ❶ 決算月までに、今期の予算を使う必要がある（使うなら、今期中に使っておきたい）
> ❷ この時期に来期の予算取りが始まる

　お客様の事業年度が３月末までの場合、それまでに今期の予算を使う必要が出てきます。「ちょっとくらい持ち越しても……」と思いたくはなりますが、それはできません。会計のルールで、４月１日になるとリセットされてしまうのです。

　私も会社員時代、決算月前に次のような指示を受けたことがありました。「３月までに使いたい費用があれば、早く申告するように。今期は計画以上に利益が出てしまっている」と。

　普段は「予算を抑えなさい」と言っていたはずの上司が、決算月の前のタイミングになると「使いなさい」と豹変（？）することに驚いたものです。

　でも、これは各社で起こっていることです。利益は出せば出すほど良いというわけではありません。計画通りに利益を出し、余力があれば先々への準備に投資をするのが企業の在り方だからです。まさに、決算月前は、営業が提案するには「大ボーナス」の時期といっても過言ではないでしょう。

また、**来期の予算取りも、決算月の１〜３カ月前から始まります**。このタイミングで提案をしておけば、来期の予算の項目に加えていただける可能性が高いので、のちの営業がラクになるというわけです。

　ぜひ、お客様の会社の決算月を把握し、その１〜３カ月前に「今期、ご提案できることはないか？」「来期に向けてご提案できることはないか？」を確認しておきましょう。

■ 決算月前のチャンスを逃さない

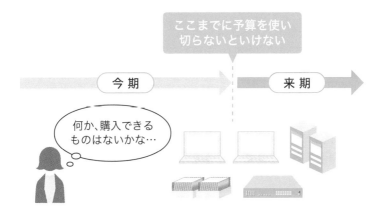

ここまでに予算を使い切らないといけない

今 期

来 期

何か、購入できるものはないかな…

ONE POINT

- 利益が出ていれば、企業は"経費を使いたいモード"に入る。ゆえに、決算月の１〜３カ月前に、提案を持っていくと受け入れられやすい。
- 来期の予算取りに向けた提案も、決算月前に行う。

CHAPTER **5**　顧客・会社理解編

TECHNIC

76

「組織図」は
法人営業の“地図”になる

「ほかに会うべき重要人物」が見えてくる

　法人営業を行う上で、より多くのチャンスをつかむために把握しておきたいのが、「組織図」です。**法人営業の場合、「組織図」が“地図”の代わりになります。**組織図で把握すべきことは次の3つです。

---

❶ **お取引のある部門の「上長」は誰？**

　　経営層、執行役員、部課長を確認し、挨拶や情報交換をしておきたいところ。

❷ **納品先のキーマンは誰？**

　　購買部門と納品部門の部署が異なるケースは少なくありません。納品先のキーマンにも挨拶をし、フォローをしておきたいところ。

❸ **未取引の部門がないか？**

　　まだ挨拶していない部門が存在するなら、アプローチをしておきたいところ。

　もちろん、お客様の会社の組織図をもらえないことのほうが多いでしょう。その場合は、口頭でもいいので、組織がどのようになっているのかをヒアリングしてみることもお勧めです。さらに、裏ワザは、**その会社のホームページの事業所一覧のページを見ながら、拠点がどこにあるのかを把握しておくことです。**そこから組織図がおぼろげながらも見えてくることがあります。

　組織図を知ることで、今の担当者との「点の接点」だけではな

く、多くのルートを持つ「面の接点」に進化させることができます。

"点"より、"面"のほうが、提案のチャンスが広がることは間違いありません。

■ 組織図を手に入れれば、営業のチャンスが広がる

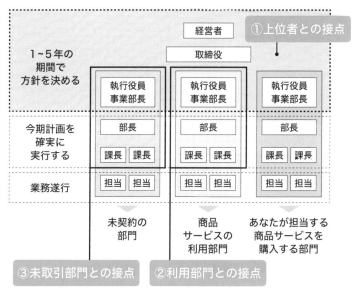

会うべき人物と接点を持つ

①上位者との接点

経営者

取締役

1～5年の
期間で
方針を決める

執行役員
事業部長

執行役員
事業部長

執行役員
事業部長

今期計画を
確実に
実行する

部長

部長

部長

課長　課長

課長　課長

課長　課長

業務遂行

担当　担当

担当　担当

担当　担当

未契約の
部門

商品
サービスの
利用部門

あなたが担当する
商品サービスを
購入する部門

③未取引部門との接点

②利用部門との接点

ONE POINT

- いきなり「組織図をもらえないか」と言っても難しい。「差し支えなければ、勉強のために組織図を拝見することは可能でしょうか？」などと相談するのがベター。
- 「今、組織はどのようになっているのですか？」とヒアリングをしながら、メモをとる方法も。メモをお客様に確認してもらい、「ここは違うよ」などと指摘をいただきながら修正していく。

77 「マトリックス営業」で無理なく"上位者"に近づく

上位者には上位者同士で対応してもらう

　前項で紹介した手法で組織図を手に入れたとしても、悩ましいのが「上位者」への接見方法ではないでしょうか。**担当者に「社長をご紹介いただけませんか？」と伝えたところで、良い返事をもらえない可能性は高い**からです。逆の立場で考えてみてください。あなたがいきなり「御社の社長を紹介してください」と言われたら困りませんか。

　しかし、あきらめないでください。やはり上位者のパワーは絶大で、**「前向きに検討したい」とおっしゃっていただければ、その言葉をきっかけに組織は動き出します。**上位者の方を紹介してもらいやすくなる方法があります。次のように言ってみてください。

> 「弊社の責任者（社長の場合は代表）が、ご挨拶に伺いたいと申しております。●●様にお声掛けいただくことは可能でしょうか？」

　または、**自社の責任者からお客様の上長へ、挨拶の依頼書を用意する**方法もお勧めです。顧客企業の担当者から上長に説明がしやすくなるからです。「このような手紙を預かっています」と、担当者が上長に伝えれば済むためです。

　正しく伝えれば、担当者は拒否しません。担当者の一存では判断ができないため、会社として上位者に判断を仰ぐのが一般的だ

からです。つまり、**顧客企業の上位者に会う時は、自社の上位者の役職を"カード（切り札）"として使います。**これを、「マトリックス営業」と呼びます。

> 経営者には、経営者を。
> 管理職には、管理職を。
> 担当者には、担当者で。

このように**階層ごとに接点を持つことで、提案のチャンスを獲得していきます。**ぜひ、積極的にマトリックス営業でアプローチをしてみてください。思わぬチャンスに巡り合うこともあります。

■ 先方の上位者に会う速攻技

ONE POINT

● 上位者と会いたい際は、「上長が挨拶をさせていただきたい」と伝えると効果的。
● 自社の上位者の手紙（担当者との面会時でない場合は、メール添付でも OK）を用意する方法もベター。

CHAPTER 6

時間管理術

この章で紹介するテクニック

- 忙しいを言い訳にしない「優先順位」のつけ方
- 「残業予防」を徹底して効率的に仕事をこなす
- 商談と商談の間の無駄をなくす「移動時間節約」
- 営業に注力するための「資料作成」の簡略化
- 呼び出し機能で「メール時間を短縮」する
- 音声入力で「スキマ時間を活用」する
- バッファを設けて「万一に備える」
- 工程を分けずに「一度に済ませる」
- スケジュールの「予定設定」で主導権を握る

営業職における
仕事の「優先順位」のつけ方

トップセールスは「忙しくてできない」とは言わない

「忙しくてできない」——この言い訳をした時点で売れない営業まっしぐらです。厳しいようですが、時間を制してこそ売れる営業になれるからです。でも、安心を。この章では、営業が把握しておきたい時間管理の実践ワザを紹介します。

時間管理のセオリーに「**重要度**」と「**緊急度**」の2つの軸で優先順位をつける方法があります。しかし、何が重要なのかを見誤ると意味がありません。

まず、営業における重要度の優先順位のつけ方を把握しておきましょう。実は、極めてシンプルで、以下のようなものです。

「**重要度**」は、「**業績**」に直結するかどうか"だけ"で決める。

大事なことは"だけ"の2文字。図をご覧ください。まず確保しておきたい時間が、次の2つ。

1位　「**今の業績に直結する業務**」にあてる時間
　　　⇨「探客」「商談」「アフターフォロー」など。

2位　「**先の業績に影響する業務**」にあてる時間
　　　⇨「先々の商談」「スキルアップ」など。

当たり前に思われたかもしれませんが、この時間をどれだけ確保できるかで業績は決まります。でも、「提案書の作成」や「準備のミーティング」に時間を奪われていないでしょうか。それらに

2倍の時間をかけても2倍売れるわけではありません。あくまで付随的な業務でしかないのです。

　実際、トップ営業の中には、提案書作成が下手な人も多いものです。逆に美しい提案書を作成できるのに、成果はイマイチの人も少なくありません。

　目先の提案書作成も大事ですが、**成果を出すには、業績につながる商談、探客、フォローに集中する**ことが大事なのです。

■「緊急度」と「重要度」で仕事の優先順位をつける

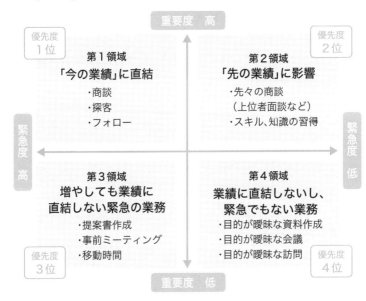

ONE POINT

・「探客時間」「商談時間」「アフターフォローの時間」をまず確保。

・目先の提案書作成も大事だが、長期的な視点から、「仕込みの提案」を同時並行で行っておくことも重要。

お客様をフォローする際の優先順位のつけ方

すべてのお客様に平等に接するのは難しい

　筆者の研修の受講者さんから、よく「忙しくて、すべてのお客様をフォローできない」といった相談をいただきます。この回答はシンプルです。

「忙しくて、すべてのお客様をフォローできなくなったと思ったら、『濃淡』（優先順位）を明確にすること」です。

「パレートの法則」をご存じでしょうか。**売上の8割は、2割の優良なお客様がつくっている**という法則です。よって、2割の優良顧客に絞って重点的にフォローするのが得策なのです。

　でも、営業の場合はこれだけでは「守る営業」しかできなくなってしまいます。次の「優良顧客を開拓」できないからです。

　とっておきの方法を紹介しましょう。「ウォレットシェア」を参考にする方法です。**ウォレットシェアとは、お客様の予算に占める「あなたの会社の商品を購入する率」**を指します。

　具体的には、競合他社の取引状況を可能な限り把握し、図のマトリクスのように、「4つの象限」で整理します。

　すると、営業の優先順位は下記のようになります。

1位　「自社の売上」高 × 「競合の売上」高

2位　「自社の売上」低 × 「競合の売上」高

3位　「自社の売上」高 × 「競合の売上」低

4位　「自社の売上」低 × 「競合の売上」低

この順位で濃淡をつけるのです。1位はもちろんのこと、2位は次の優良顧客を開発する顧客層となるので、手厚く対応します。3位は少し優先順位を下げ、4位は定期的な電話で済ませるなどで対応します。

　このようにすることで、自社の売上も守ることができますし、明日の優良顧客の開拓もできます。

■ 優先順位をつけ、フォローに「濃淡」を！

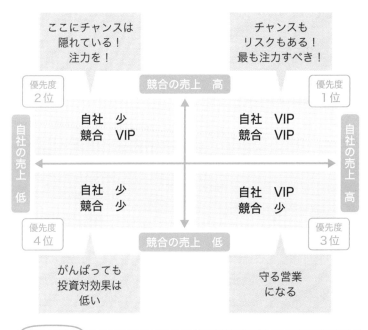

ONE POINT

- すべてのお客様をもれなくフォローするのは難しいので、営業の濃淡をつける。
- 競合とのウォレットシェアを考慮して、対応に優先順位をつける。

営業活動を阻害する
「3大ムダ」を削減する

ムダを減らさない人は、絶対に売れない！

　売れる営業になりたいなら、業績につながらないタスクを極限までなくすことを考えてください。具体的には「**3大ムダ**」を減らすことです。3大ムダとは、次に挙げたものです。

- 提案書の作成
- メールの対応
- ミーティング

　まず、1日のうち、どのくらいの時間をこれらに費やしているのかを確認してみてください。意外と多いことに驚くかもしれません。その上で、どうすれば減らせるかを考えてみてください。減らせば、その分商談やフォロー、探客の時間が増え、すぐに業績に変化が出ます。

　例えば、以下のようなことをやっていれば、すぐに改善すべきです。

- □ イチから提案書の作成をしている。
- □ メールの文章をすべて手入力している。
- □ 結果に影響しないミーティングをなんとなく続けている。
- □ メールやチャットで済むのに、ミーティングをしている。

　多くの人は、これらの作業をムダと感じず、ふつうにやっているかもしれません。でも、売れる営業を目指すなら、これらの当

たり前を疑うことが重要なのです。

　短時間で確実に成果を出すためには **「準備には時間をかけない」** ——このことを徹底しましょう。営業の効率を阻むムダを削減する方法を、この章では紹介していきます。

■「当たり前」を疑う姿勢が必要

当たり前にやっている「準備時間」を、どうすれば最小化できるか考えてみよう。

目先の売上だけを追わない
「返報性の法則」

「損して、得をとれ」が商売の基本

　前項で、「営業の効率を阻むムダを削減しましょう」と述べましたが、お客様の意向をないがしろにする効率は絶対にNGです。かえって業績に悪影響をもたらします。

　むしろ、「**おせっかいなワンアクション**」は、**売れる営業を目指すには、絶対に不可欠**です。「忙しいのに、ありがとうね。助かる」──そんな声をいただける行動は、前項で述べた「**業績に直結する行動**」と考えておきましょう。

　「**損して、得をとれ**」ということわざを聞いたことはないでしょうか？　これこそが、商売の基本思想です。

　「面倒だな」と思うような頼まれごとがあったとしましょう。そんな時こそ、「損して、得をとれ」の発想で考えてみてください。

　多くの人は、何かを受け取ったりした時に「こちらもお返しをしないといけない」という気持ちになります。これは、「**返報性の法則**」ともいわれますが、かけた手間が返ってくることは多いものです。

　経営の神様、パナソニックの創業者、松下幸之助氏も次のような言葉を残しています。

　「……商売人というものは、"損して得取れ"ということです。これは少し旧式な話でありますけれども、損して得取れ、損を惜しんでは商売人として成功しないということを言われたのであります」（『松下幸之助発言集30』より）

これは1965年に語られた話ですが、その時点でも古い話として引用されています。つまり、普遍の原則と考えて間違いないでしょう。

　注意点を１つ挙げておきます。**「損して、得をとれ」にならない行動はうまく断ってください。**

　お客様からのムチャぶりや、無理なやり直しを迫られた際に、断らずに無条件に応えることはリスクでしかありません。ムチャな要求に**無条件に応えると、それが基準となり、「やってくれて当然」になる**からです。返報性の法則が働くこともなく、気がつけば、「損して、損する」状況に追い込まれてしまいます。

■**「返報性の法則」を働かせて「損して、得をとれ」**

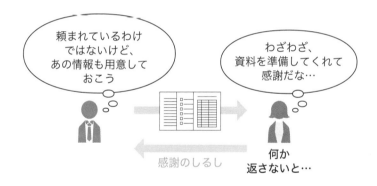

頼まれているわけではないけど、あの情報も用意しておこう

わざわざ、資料を準備してくれて感謝だな…

感謝のしるし

何か返さないと…

ONE POINT

- 営業は 「損して、得をとれ」の精神で考える。
- 得にならない「ムチャぶり」「無駄なタスク」は、うまく断る。

「仕事を終える時間」をあらかじめ決めておく

大事なのは「労働時間」の長さではない

　営業は、長い時間働けば売れるというものではありません。**1日のうち、どれだけ成果を出す行動に集中できているか**です。もし、残業が状態化しているなら、やってほしいことがあります。

　まず、スケジュールに「仕事を終える時間」を決め、記入してください。私も、終える時間を決め、スケジュールに記したことで、その時間には帰れるようになりました。コロンビア大学の心理学者ハイディグラント氏の研究では、「いつ」「具体的にどうするのか」を手帳に書くことで、実行力は300％向上するといいます。

　でも、なぜ残業しないほうが売れるようになるのでしょう。やってみるとわかるのですが、**余計なことをせず、「成果につながる行動に集中する」ことへの"執念"が出る**からです。前項でも述べた「資料作成」「ミーティング」「メールの対応」、さらに「次の訪問までの移動時間」などは、突き詰めると「業績につながらない」時間です。2倍に増やしても、売上が上がるわけではありません。

　残業せずに成果を出すには、これらの「業績につながらない時間」を最小化させざるを得なくなるわけです。その試行錯誤の中で、気がつけば、残業をしていた時よりも「商談数」が増えている状態になるわけです。

　あなたの1日を振り返ってみてください。何時間を成果につながる「探客時間」「商談時間」にあてられているでしょう？　やは

り5〜7時間は欲しいところです。でも、1日の就業時間は8時間しかない——こんな状態になってからこそ、効率への"執念"が芽生えるのです。

■ 終える時間を決めれば生産性が上がる

ONE POINT

- 「早く帰れたらいいな」ではなく、「終える時間」を決め、スケジュールに書く。
- 成果につながる「商談時間」「探客時間」に5〜7時間分は確保する。
- 「資料作成」「提案書作成」「社内打ち合わせ」を最短化させる。

移動時間節約

83

アポイントは「固めて」とる

「すぐに行きます！」と言ってはいけない

効率的な営業を志すと、移動時間ほどあなたを苦しめるものはないでしょう。特に、**商談と商談の間の移動時間は大きなロスを生みます。**

まず、移動距離をいくら増やしても、それだけでは1円もお金を生みません。それどころか、移動距離を増やすことは、あなたの貴重な商談時間を削る行為でもあるのです。

朝は新宿でアポイント。昼には品川でアポイント。その後、新宿に戻りアポイント。そして、その日の夕方に、また品川でアポイント——こんなスタイルの営業をしていた人に会ったことがあります。なぜそうなったのかを聞くと、**お客様に「すぐに行きます」と返事してしまっていることが原因**でした。

このようにならないためには、まず、アポイントをうまく調整してください。**アポイントは「場所を固めてとる」、これが基本**です。「すぐ行きます！」と言いたいところですが、それをやってしまうと、結果的に貴重な商談時間が削られてしまいます。

お客様：「急ぎで来てくれる？」

営　業：「ありがとうございます。かしこまりました。申し訳ございません。本日は、先の予定が入っており、よろしければ、明日の15時、もしくは明後日の16時などはいかがでしょうか？」

お客様：「では、あさっての16時でお願いします」

といったようにアポイントの調整をするのです。

もちろん業界ごとの特性もあるので、このようにいかない場合も多いでしょう。ただし、**移動距離を伸ばすことは、あなたの商談時間を奪う行為であり、成績を下げる行為でもある**、このことは肝に銘じておきましょう。

■ アポイントは「場所を固めて」とることを意識する

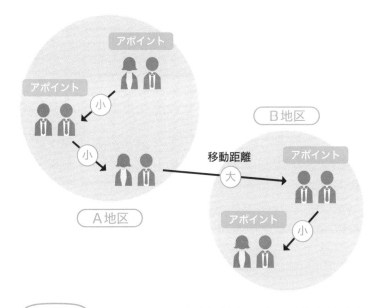

ONE POINT

・移動時間を「営業時間」と思わないこと。
・移動距離が伸びるほど商談数は減る。
・移動距離を最短化するために、アポイントはできるだけ固めてとる。

TECHNIC

84

単語登録を活用して 書類を "10倍速" で作成

資料作成に時間をかけている場合ではない

　営業は資料作成に時間をかけてはいけません。だからといって、社内業務をおろそかにすると信頼を失います。営業は個人完結の業務であるとも思われがちですが、実態はチームワークの業務です。

　同じ部署であなたをサポートしてくれている人もいるでしょうし、関係する別部署もあるでしょう。なので営業は、そのような人の仕事に支障が出ないように、日々の社内の報告書、レポートも迅速にさばく必要があるのです。

　そこで、紹介したいのが、「**パソコンの単語登録」を使って文章を高速で入力する**方法です。これを行えば、ブラインドタッチを超える入力スピードを手に入れられます。

「おい→お忙しいところ、ありがとうございます。」と登録しておけば、"おい"と入力するだけで、「お忙しいところ、ありがとうございます。」が変換候補に表示され、それを選択するだけで、文章が入力できるというもの。

　次の文章は、その単語登録した文章のみで入力したものです。

お世話になっております。らしさラボ　伊庭でございます。
お忙しいところ、ありがとうございます。
ご査収のほど、よろしくお願い申し上げます。
ご都合が合わないようでしたら、おっしゃってください。引き続き、よろしくお願い申し上げます。

「おせ」「おい」「ごさ」「ごつ」「ひき」と10文字しか入力していませんが、100字以上、入力できています。

よく使う文章を登録してみてください。これだけで、10倍速で資料を作成できるようになるでしょう。

■ 単語登録機能を効果的に使う

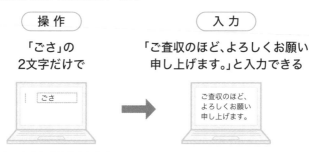

登録	語句の例
かし	かしこまりました。
きょ	恐縮でございます。
こち	こちらこそ、よろしくお願いします。
ごさ	ご査収のほど、よろしくお願い申し上げます。
ごし	ご指導のほど、よろしくお願いします。
ごつ	ご都合はいかがでございましょうか?
ごて	ご手配、誠にありがとうございます。
ごふ	ご不明な点、改修すべき点がございましたら、おっしゃってくださいませ。
ぜん	全力で参る所存でございます。
ひき	引き続き、よろしくお願い申し上げます。
よろ	よろしくお願い申し上げます。

ONE POINT

- 営業活動をがんばっても社内の仕事がおろそかになっていては営業失格。
- 「単語登録」でよく使う文章、使いまわしの効く文章を登録しておけば、文章をすぐに書くことができる。

TECHNIC 85

資料作成は、書かずに「差し替え」で済ませる

あらかじめテンプレートをつくっておく

　資料作成を高速化させるワザは、まだあります。**イチから作成せずに、テンプレートの文章を差し替える**方法です。

　これを覚えておけば、社内資料の作成、お客様への提案書の作成が劇的に短時間でできるようになります。やることは、以下の2ステップです。

Step1　「使いまわし」ができる構成、文章で提案書を制作し、これをテンプレートとする。

Step2　新たな資料を作成する際には、テンプレートから修正が必要な箇所の単語や文章を差し替える。

　テンプレートは、資料や提案書を作成する際に、どれだけ「使いまわしができるか」を考えて、作成してみてください。

　例えば、単語に関してです。テンプレートに「マネジャー」と記載してあると、「課長」と呼んでいる会社には使いまわせません。そこでどちらにも対応可能な「上長」と記載をしてみることも一考です。

　また、「新卒」は「新人」としたほうが汎用性が広がります。中途採用やアルバイトで入ってきた人も、その会社にとっては新人だからです。

　さらには、文章もいろんなシーンで使いまわせるようにしておきます。例えば、こんな感じ。

「先ほど示した問題に対処するためには、●●の解消を早急に行うことこそが、解決の糸口となります」

と記載すれば、"●●"の箇所を変更するだけで別の資料としても使えます。「先ほど示した問題」「解消を早急に行うことこそが、解決の糸口」などと表現しておくことで、使いまわせる文章になっているわけです。

このように、少し意識するだけでほとんどの資料、提案書は「使いまわし」ができるようになります。業務を効率化させるために、ぜひトライしてみてください。

■ イチから書かずに、テンプレートで対応する

研修受講者報告書

****

研修名：提案力向上研修　　講師：○○○○
実施日：20XX 年 X 月 X 日　　場所：本社会議室

****

この度、研修の ————————————————

————————————————————————

————————————————————————

————————————————————————

ONE POINT

- 資料や提案書を作成する際、「使いまわし」を前提にして作成して、テンプレートとする。
- 同じ内容の資料を作成する際には、テンプレートから必要な箇所を修正して対応する。

86

メールは「打つ」ではなく「呼び出す」

迅速なメールで評価が高まる

メールに対して迅速に返信することは、あなたの効率を高めるだけでなく、思っている以上にあなたの評価を高めてくれます。**お客様も早く業務の手離れをしたい**からです。

通常、ビジネスメールは24時間以内に返信するのがルールですが、営業の場合はもっと早く返したほうがいいでしょう。**理想は90分以内**。確実に評価が高まります。

お勧めの方法を紹介しましょう。まず、**よく使う文章はメーラーに「登録」しておく**方法です。

よく使う文章を登録しておけば、いちいち入力せずとも、文章を呼び出すだけで済みますので、0秒で文章を入力できるようになるからです。

私もこの機能を活用していますが、今では登録しないでメールの処理をすることは考えられません。それくらい効き目のある方法です。

Gmailの場合は、「**テンプレート**」の機能を使います。メールを送る際に「テンプレート」に保存しておけば、次からは「テンプレート」の一覧から一瞬で複製できます。

Outlookでは、「**クイックパーツ**」の機能を使います。基本はGmailと一緒です。こちらも、文章を入力した際、その箇所を指定して保存します。これだけで、一瞬でメールを返信できるようになります。

■一度、登録すればメールの文章は0秒で入力できる

 *****@aaa.co.jp

お時間を頂戴し、心より感謝を申し上げます

　　　　　　　様

お世話になっております。らしさラボの伊庭でございます。

お忙しい中、貴重なお時間を賜りまして、

誠にありがとうございました。

心より、感謝を申し上げます。

> 抽象度の高い言葉にすると
> 使いまわしがしやすい

お話を伺い、

仕事の本質は、「顧客満足の創造と型化」にあると

強く気づかせていただいた次第でございます。

私で少しでもお役に立てることがございましたら

お気軽にご相談、御指示くだされば幸いでございます。

引き続き、よろしくお願い申し上げます。

※お忙しいと存じますゆえ、

　ご返信は不要でございます。

> **この一文だけを変えることもできる**
>
> 仕事の本質は、「一人ひとりがビジョンを体現する」
> ことにあると
>
> 仕事の本質は、「あくなき進化」にあると
>
> 仕事の本質は、「当たり前の中に宿る」と　など

ONE POINT

 ● いつでも呼び出せるように、よく使う文章はあらかじ
め登録しておく。

「スマホの音声入力」で スキマ時間を有効活用する

30秒でもできることを見つけよう

　"一瞬のスキマ時間"をいかに有効活用するかによって、営業の生産性は大きく変わります。エレベーターで待つような30秒の時間でも、できることはあります。**スマートフォンの「音声入力」を活用すれば、立ったままでも文章がつくれます**。実際にやってみると、精度の高さに驚くことでしょう。

　実際、30秒あれば、以下のようなことも可能です。

- 会議の開始前に、企画書の下書きを入力
- 電車を待つ隙間時間に、日報の下書きを入力
- 横断歩道の信号待ちで、メールを送信

　実際、私も音声入力を活用してメールなどを送っているのですが、次のようなお声をよく頂戴します。

「いつも、対応が早くてびっくりします」
「返事が早いので助かります」

　いかがでしょう。このように**自分の隙間時間を有効活用することは、お客様の満足にもつながる**ので、本当にお勧めです。

　実際にやることは極めて簡単です。

Step1	スマホのアプリを立ち上げる（メーラーでもなんでもOK）。
Step2	キーボードのマイクマークを押す。
Step3	スマホに話しかける（図の音声入力で変換できる記号の例を参考にしてください）。

　もし、仕事でスマホを使うことが許される環境なら、やらない手はないでしょう。革命的に生産性が上がります。

■ 音声入力で変換できる記号の一例

ONE POINT

- スマホの音声入力を使えば、残業はなくなり、お客様の満足度も高まる。
- 小さなタスクなら、30秒のスキマ時間でこなせる。

万一に備える

「バッファ」を設けて 想定外に備える

電車の遅延や道路の渋滞に備えてこそプロ

いつもバタバタしがちであれば、どこかでこう思っていませんか？「でも、時間に間に合えばいい」と。

この考え方は危険です。**知らないところで「自分勝手な人だな」と思われても仕方がありません。**

締め切り直前に、ある資料をお客様に提出したとしましょう。その資料に不足があれば、締め切りを超えて再提出をすることになり、迷惑をかけてしまうわけです。なので、**営業は「万一の想定外」があっても対応できるよう、必ず「バッファ」（余裕）を設けたアクションをとらないと、信用を失うこともある**のです。

提出物に関しては、バッファを設けるためにやることは、次のことだけです。

Step1　納期の調整（少し余裕のある納期を打診）
Step2　その期限までに納品・提出

バッファの考えは、提出物以外でも有効です。渋滞でバスが動かない、電車が遅延したなど、想定外のことは容赦なく起こります。これも、バッファが解消してくれます。この場合もやることは簡単です。

Step1　無理な約束をしない（少し余裕のある時間を打診）
Step2　15 〜 30分前には到着し、その近くで待機（電話営業、メール処理、資料作成をしながら）

私もバッファを設けることで随分と助かりました。ある時、地震が発生し、乗っていた電車が止まってしまったのです。スマホを見ると、約束の場所までは約4キロの地点。歩くと50分程度でしたので、少し小走りで向かい、時間に間に合わせました。

「そこまでしなくても……」と思われた方もいるかもしれません。私も、人にここまで強いることはしませんが、私自身はやりたいと考えています。**努力せずとも、バッファを設ければ済む**だけですから。この積み重ねが、お客様への信用につながると確信しています。

■ 戦略的に常に余裕（バッファ）を持つ

約束　14：00　　　　行動　13：40

20分のバッファ

電車の遅延など、何があるかわからないので、
余裕を持っておくとよい

ONE POINT

● 納期ギリギリの提出は避けるべき。

● 約束の時間の15〜30分前には、その場所に着くことを心がけよう。

● バッファを設けて行動すれば、あなたの信用は高まる。

いちいち"工程"を分けない

一度に済ませたほうが、お客様もラクになる

　即決が可能な営業だとしても、今日は提案、クロージングは後日と分けることが通例になっているようなケースが散見されます。営業は「**一度に複数の用事を済ませる**」ことを習慣にしておきたいところ。**工程を分ける必然性がなければ、できるだけ一気に進めてしまうようにしましょう。**

　私の失敗談を紹介しましょう。トップセールスの先輩からの引き継ぎで、とあるお客様に挨拶に伺ったことがありました。滞りなく挨拶を済ませ、最後に今後のサービスの予定を伺ったところ、半年後に予定があるとのこと。私が「その時期になったら、改めてよろしくお願いします」と切り出したところ、横から先輩がこう切り出したのです。

先　輩：「内容は前回と同じでよろしかったですか？」
お客様：「はい、そのつもりです」
先　輩：「よろしければ、申込書を先に頂戴することは可能でしょうか？　お忙しくなる前に、余裕を持って確認いただけると存じます」

　最終決裁者は部長です。一方、担当者は係長で、決裁権はありません。ところが、係長は「わかりました」と言い、部長の席に行き、決裁をその場でもらい申込書を頂戴することができたのです。

その後、先輩から叱られました。「どうして、分けるの？」と。

まさにその通り。営業は用事を一度に済ませることが絶対のルールなのです。

提案をしに伺うなら、その場で別の人のご紹介をいただけないか、またはほかのサービスの提案をできないかなどと、考えてみましょう。

一度にいくつの用事を済ませられるか、トライしてみてください。

■一度に用事を済ませる執念を持つ

明日の商談、何をする？

クロージングまで
できないか？

他の部署の紹介を
もらえないか？

来期の予定も
確認しておこう

ONE POINT

- 用事はできるだけ一度に済ませるようにする。
- 別の用事をつくれば、一度の訪問の成果が上がる可能性が高まる。

「次のアポイント」は
その場でもらう

日程調整は、実は手間がかかる

　日程調整の手間は侮れません。調整に必要な行動を分解すると、思った以上に面倒なことがわかります。

- 手帳を開き、候補日程を確認（3分）
- メールに文章を入力して送る（5分）
- 返事を待つ間は候補日程に予定を入れられない（1〜2日）
- やっと返ってきたメールには「その日程は都合がつかず」
- 再度、手帳を開き……

　そうならないために、**商談が終わる際に、必ず次のアポイントをとることを習慣づける**といいでしょう。
「また、改めて連絡します」と言いそうなところを我慢し、可能な限り、その場で次のアポイントを調整すると決めてください。

　もちろん、2〜3カ月先に設定したとすると、お客様も予定が見えないこともあるでしょう。その際は、「**仮でもいいので、決めておきませんか?**」と"仮"という言葉を使ってみてください。変更可能な状態にしておくのです。でも、ほとんどの場合、変更は入りません。**一度、"仮"で入れた予定であっても、可能な限り、再調整をしたくない**のが、人の心理です。

　打ち合わせを、定例ミーティングにしてしまう方法もお勧めです。いつも月に1回は情報交換や提案の機会を頂戴できるお客様

であれば、「毎月、第2月曜の10〜11時」は定例ミーティングの時間としておく方法もあります。こうしておけば、アポイント調整の手間すらもなくなります。

　定例ミーティング化は、実はそれ以上の効果があります。**同業他社からの営業を排除することができる**のです。わざわざ毎月会っているのですから、問題を抱えていない限り、同じ業種の別の業者とは、会う必要がなくなるからです。

■次の予定は、その場で決める

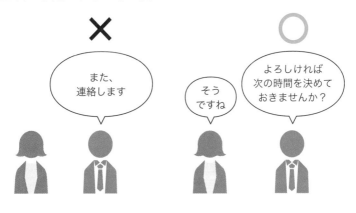

ONE POINT
- 次の日程調整は、できる限りその場で行う。
- 数カ月先の予定を入れる場合は"仮"でもOK。
- 打ち合わせを定例ミーティング化する方法もある。

「すぐ」「なる早」とは言ってはいけない

曖昧な返答が、トラブルのもとに……

　すべての「やりとり」には、明確な期限を設けてください。

　期限を曖昧にすると、時にはクレームになります。まず注意すべき点は、**「すぐに」「なるべく早く」（なる早）とは言わない**ことです。

　あるケースを紹介しましょう。

　お客様からの問い合わせに「わかり次第に連絡します」と返事した営業がいました。社内の調整を考えると3日は必要な作業です。ゆえに、彼は「3日程度で返事をすればいい」と考えていました。

　ところが、お客様はそうは思っていませんでした。3日間「いつまで、待たせるのだ」とストレスを感じていたのです。お客様のために急いで対応したのにもかかわらず、返事の仕方を間違えたため、クレームになってしまったのです。

　3日ほどかかりそうなら、こう返答するべきでした。

　「5日の猶予を頂戴してもよろしいですか？　社内の調整が必要なため、申し訳ございません。それより前に調整がつけば、早目に連絡をさせていただきます」

　このように対応することで、トラブルは防げたはずです。

　さらに言うと、**「5日ほどいただけませんか？」より「5日いただけませんか？」のほうがベター**です。"ほど"も人によって感覚

が違うからです。

　営業側が、１日くらいのズレ（５日が６日になっても）はいいかなと思っていても、お客様には"５日ぴったり"と認識されてしまう可能性があるからです。

　時間を曖昧にすると、クレームにつながる可能性があります。営業としては、期日をはっきりさせておいたほうが、問題は発生しにくいでしょう。

■ 期日の表現を曖昧にしてはいけない

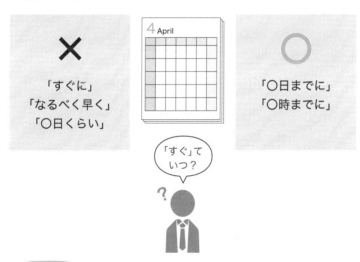

ONE POINT

● お客様に対して、「すぐに」「なるべく早く」「〇日くらい」とは言わないようにする。

● 期日を伝える場合は、「〇日までに」「〇時までに」と明確にすること。

3週先の予定を入れれば
商談件数は3倍になる

予定は「入る」ではなく「入れる」もの

　いつも、目の前の緊急仕事に振りまわされ、商談やアフターフォローなどの大事なことが先延ばしになってしまうことはないでしょうか。だとしたら、3週間後の予定を積極的に埋めていくといいでしょう。

　もし、3週間後がスカスカだとしたら、時間に振りまわされてしまい、時間の主導権をとれていない証拠です。先手を打ち、先々の予定をどんどん埋めていきましょう。**予定は「入ってくる」ものではなく、先手必勝で「埋めていく」ものです。**

　例えば、以下のように、自分のペースでどんどん予定を埋められるよう、商談での話し方も変えてみましょう。

× 「いつがいいですか？」

⬇

○ 「例えば、再来週でしたら水曜はいかがですか？」

× 「また、そのタイミングに連絡します」

⬇

○ 「では、差し支えなければ、来月の12日の10時はいかがですか？」

　このように、あなたのペースでどんどんと、先手で予定を入れていきましょう。

では、突発で入る仕事にはどのように対処すればいいのでしょうか？　ここで登場するのが、先ほどの「バッファ」（198ページ）です。バッファをつくった上で、**予定を埋めておくのです。突発仕事については、このバッファで処理をします**。

　営業の効率の良い人は、そうやって、**スケジュールの主導権を持ちながら、テトリスのように予定を埋めていく**のです。

■ 売れる営業は、先々の予定が入っている

ONE POINT

・主導権をとるために、先手必勝で、こちらから予定をどんどんと埋めていく。

CHAPTER 7

モチベーション管理術

この章で紹介するテクニック

- 営業の仕事が楽しくなる「モチベーション管理」
- 「目標設定」の正しい難易度
- 「行動力をアップ」させて、すぐやる人になる
- 営業に求められる「ストレス対策」
- 「数字」か「お客様」かの「ジレンマ」を解消する方法
- ピンチをチャンスに変える「クレーム対応」
- 「成績が悪い」場合のふるまい方

「ジョブ・クラフティング」で "やりがい" を見出す

仕事を「面白くする」のも営業スキル

「仕事のモチベーションを保つためには、どうすればいいのか？」
——営業をしていると、必ず課題になるのがモチベーションの維持についてです。

たしかに、営業はお客様に拒否されることも多く、提案がうまくいかない日が続くと、そんなに楽しいものではありません。でも、**考え方1つで、いかなる営業でも「やりがい」を見出すことはできます**。

そのような方法の1つとして、「ジョブ・クラフティング」を紹介しましょう。これは、**「役割の捉え方を変える」**ことや**「行動を主体的にとる」**ことで、いかなる仕事であっても**「やりがいのあるミッション」**に昇華させる手法のこと。米イェール大学経営大学院のエイミー・レズネスキー氏とミシガン大学のジェーン・E・ダットン氏により提唱された理論です。

具体的には、次の3つの視点で仕事をとらえ直すと、「やりがい」の発見になる、というものです。

視点1　**仕事の意義を広げて考える**
　　　　「誰のために貢献する仕事なのか？」を考える。

視点2　**人とのかかわり方を変えてみる**
　　　　上司に相談する、一緒にやってみる、など。

視点3　**創意工夫をしてみる**
　　　　アイデアを考え、生かすなど。

私も、求人広告の飛び込み営業をしていた時、まさにこの方法でモチベーションを維持していました。

「この地域の仕事を探す求職者の代わりに案件を探している。そこから誰かの人生が変わるかもしれない」

　こう思いながら仕事をしたことで、仕事の本質を理解でき、やりがいを見出せるようになりました。

「大事なことは、仕事が面白いかどうかではなく、仕事を面白くするスキルがあるかどうか」──私はこのように考えています。

　ぜひ、ジョブ・クラフティングの考え方で、あなたの仕事を整理してみませんか。

■ 仕事を面白くする「ジョブ・クラフティング」

仕事の意義を広げて考える

「誰のために貢献する仕事なのか？」
「誰が喜んでくれるのか？」

人とのかかわり方を変えてみる

「上司に相談してみよう」
「トップセールスに話を聞いてみよう」

創意工夫をしてみる

「リストを変えてみよう」
「トークを変えてみよう」

ONE POINT

● 仕事を面白くするのも営業スキルの1つ。
● 「ジョブ・クラフティング」の考え方でやりがいを見出せば、仕事を面白くすることができる。

「Will-Can-Mustの法則」で自分の未来を考える

今の仕事は「将来の自分への投資」

「Will-Can-Mustの法則」をご存じでしょうか？　これも有名なモチベーション理論の1つです。この法則を知ると、「**日々の営業活動が、自分の未来への投資でしかない**」と考えることができるようになります。

　具体的には、目の前の「**業務**」（Must：やるべき仕事）をこなすだけではなく、それを「**自分の未来**」（Will：やりたいことの実現）や「**自分の成長**」（Can：能力の獲得）につながるトレーニングととらえる方法です。私自身の例で紹介しましょう。20代前半の頃の私は、次のように考えていました。

Must
- 求人広告の営業。
- 売上目標を達成すること。

Will
- いつか、自分で商売をしたいな。
- 会社員のうちに、営業のリーダーを経験したいな。
- 家族を大事にできる人でありたいな。

　（Will は、いくつあっても OK）

Can
- 今の営業を通じて、独立した商売人になるための考え方やスキルを身につけたい。
- 家族との時間を大事にするために、時間管理のスキルを獲得したい。

このように、**明確でなくてもいいので、「将来はこうありたいな……」と考えることが大切です**。その上で、今の仕事では、どんなスキルや考え方を獲得できるのか、「自分が成長するテーマ」を見つけましょう。

このように考えれば、日々の仕事も「**お給料をいただきながら、仕事を学べる」場であるという感覚**を手に入れることができます。

■ 今の仕事が「未来への投資」に変わる

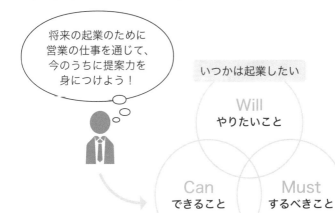

ONE POINT

- 日々の仕事の中に「自分の成長テーマ」を見出そう。
- 自分の未来を想像すれば、今やるべき仕事や身につけるべきスキルが見えてくる。

モチベーション管理❸

「やりたいこと」が見つかる3つの切り口

自分の仕事に対する価値観を考えてみる

　前項で「Will-Can-Mustの法則」を紹介しましたが、将来の夢や、自分のやりたいこと、つまり"Will"を見出せないという方もたくさんいるでしょう。そんな時は、次の3つのことをやってみてください。**必ず、やりたいことが見つかります。**

▎1　10〜20年後、どんな生活をしたいのかを考える

　どんなことでもOK。大きな夢でなくてもかまいません。ノートに「年齢ごと」に「どんな生活」をしたいのかを書くこともお勧めです。

▎2　難しければ、1〜3年後を考えてみる

「後輩指導役になりたい」「1人で何でもできるようになりたい」など、なんでもOK。自分の成長のテーマもWillの1つです。

▎3　難しければ、「仕事で大事にしたい価値観」を考える

　仕事で大事にしたい価値観をWillにしてもかまいません。価値観の見つけ方は以下の通りです。

・自分が大事にしたい価値観を列挙（10〜20個程度）する。
　（例）成長、収入、貢献、達成、挑戦……など
・列挙した中からベスト1を出す。その上で、「なぜ？」「どういうこと？」を説明できるようにする。
　（例）1位が「収入」だとしても、その背景には、「家族を幸せにする」「いろいろな経験をしたい」などがあり、理由は

さまざま。この場合、大切にしたい価値観は「収入」ではなく、「いろいろな経験をしたい」などになる。

実はほとんどの人にとって、「やりたいこと」がないのではなく、「じっくりと考える機会がない」だけのことなのです。ぜひ、忙しい時ほど、あえて時間をつくって自分の価値観について考える機会を設けることをお勧めします。

■「やりたいこと」の見つけ方

10〜20年後、どんな生活をしたいのか

・○歳の時、＊＊＊＊＊のような
　生活をしたい。
・○歳の時、＊＊＊＊＊の仕事に
　携わりたい。

さらに、1〜3年後で考えてみる

・○歳の時、＊＊＊＊＊を
　実現したい。
・○歳の時、＊＊＊＊＊ができる
　ようになっていたい。

ノートに書いてみることも
オススメ

「仕事で大事にしたい価値観」を考えてみる

・自分が大事にしたいのは「貢献すること」など。

ONE POINT

● 忙しい時こそ、立ち止まって自分の "Will" を考える。
● 将来の自分の姿や、自身が大切にしている価値観を探れば「やりたいこと」が見えてくる。

「自分の強み」の見つけ方

“弱み”を気にする時間なんてもったいない

「強みに集中し、卓越した成果をあげよ」と述べたのは、経家学の巨匠、ピーター・ドラッカー氏。「得手に帆あげて」と述べたのは、本田技研工業（HONDA）の創業者、本田宗一郎氏。いずれも、**自分の「らしさ」（強み）を生かすことの大切さ**を説く言葉です。

あらゆる職種において、高い成果を出している人に共通しているのは、「**自分の強みを使って、相手に貢献している**」ということです。決して、頭が特別にいいとか、人の3倍は働いている、ということではありません。

とはいえ、自分の強みを把握できないまま過ごしているとしたらどうでしょう。せっかくの生かせる資産を生かしていないわけです。これほど、もったいないことはありません。

だからこそ、あなたの強みを知る方法を紹介しましょう。

イギリスの心理学者、アレックス・リンレイ氏は、次の3つの条件に当てはまるものがあれば、それがあなたの強みとなるといいます。

> 強みの条件　**以下をすべてを満たせば「強み」**
>
> 条件1　人より、うまくできる
> 条件2　やるほどに活力が湧く
> 条件3　実際に何らかの成果を出せている

例えば、ある人が、「人と会話をすること」が強みだと考えたと

しましょう。その人は、こう分析したとします。

条件1　人よりはうまくできているような気もする
条件2　人と話すと元気になる（1人でいると元気が出ない）
条件3　仕事でも、コミュニケーションで良好な関係を築け
　　　ているように思う

　この場合、3つの条件に当てはまるので、「コミュニケーション
をとることが強み」と考えてOKです。
　あとは、このコミュニケーション能力を生かして、**さらに何が
できるかを考えると仕事が面白くなる**というわけです。もし、そ
の強みを今、生かせていないのであれば、生かす機会をつくるこ
ともお勧めです。**仕事をすること自体が、日々の活力となる**でし
ょう。

■「強み」の3要素

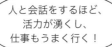

人と会話をするほど、
活力が湧くし、
仕事もうまく行く！

強み：対話力

人より、うまくできる

やるほどに活力が湧く

成果を出せている

ONE POINT

● 自分の強みを生かして相手にどう貢献できるかを考え
ると、仕事は面白くなる。
● 自分の強みを見出す際は、3つの条件に当てはめて考
える。

モチベーション管理❺

「TKKの法則」で
やり抜く力を高める

営業は、あきらめたら、そこで終了

「営業目標」「商談の件数」ばかりに追われていると、あきらめたくなる瞬間は毎日のように襲ってきます。でも、あきらめた"そこで終了"。どんどんと悪いスパイラルが働き始めます。「**営業は、自分を律する力が必要とされる**」といわれる理由です。

だからこそ、営業が覚えておきたい、メンタルに左右されずに「やり抜く」コツを紹介しましょう。

私が、心理学や経営学など、国内外のさまざまな知見を研究し、習慣化するにあたっての要素を整理したところ、「**やりぬく習慣化**」**に必要な要素は、大きく3つに分けられる**という結論に辿り着きました。その頭文字をとって「**TKKの法則**」として紹介しましょう。

T　**楽しくする**（工夫をする……ジョブ・クラフティング）

K　**簡単にする**（判断を不要にし、手間をかけない）

K　**効果の確認**（進捗の法則……進捗が見えるとやる気が出る）

この3要素を取り入れることで、モチベーションに左右されることなく、「コツコツとやり続ける習慣」を手に入れることができるのです。

まず、T（楽しくする）方法を考えます。ジョブ・クラフティング（210ページ）でも紹介した**「工夫をする」**ことがお勧めです。

K（簡単にする）方法は、実行までの手間をなくす方法です。例えば、**To-Do リストを用意し、機械的に上からどんどんとこなす**ことでも、やる気は出ます。

　K（効果の確認）も、例えば To-Do リストが消し込まれていくと、もっと消したくなるでしょう。これは「**進捗の法則**」ともいわれます。進捗の法則は、ハーバード大学のテレサ・アマビール氏と心理学者のスティーブン・クレイマー氏によって、科学的にも実証されています。

　やり抜く力を高めたい時は、この TKK の法則を取り入れてみてください。**精神論は不要。仕組みで担保できます。**

■ 仕事が"ゲーム"に変わる「TKK の法則」

T	K	K
たのしく	かんたんに	こうかの確認

続けることが苦痛でなくなる

ONE POINT

・「楽しく」「簡単に」「効果の確認」を意識すれば、継続が苦ではなくなる。

98 「目標設定」の正しい難易度とは？

低くても、高すぎても目標はダメ

「成長を目指す」と意欲満々に高い目標を設定しても、難易度が高すぎると逆効果です。この場合、多くの人があきらめてしまうことがわかっています。かといって、難易度が低い目標もダメ。**「正しい難易度」の目標**を設定しておく必要があるのです。

アメリカの心理学者エドウィン・ロック氏が提唱した**「目標設定理論」**では、もっとも「やる気」を引き出すのは、**「達成できるかどうか、半々」と思える難易度**だとされています。

もちろん、目標を設定できる立場の人と、そうではない立場の人がいるでしょう。ここで困るのは、後者の方です。与えられた目標の難易度が高くても、自分でコントロールできないからです。その場合は、次のように対処してください。

▌目標を調整できるか相談する

職場の8割以上の人が"未達成"になってしまう目標だと、明らかに難易度は高すぎです。**実際に「達成できる人」の比率が5〜7割程度が適正な目標の難易度**です。

高すぎる場合は、**目標を調整できるかを上司と相談**してみましょう。結果は変わらないかもしれませんが、意見交換をすることは大事です（実はこれも営業活動の1つだと私は考えています）。

▌やり方を変える

目標の調整が無理なら、**やり方を変える**ことで**難易度を調整**してみましょう。他人の力を頼ることもお勧めです。

特に、上司の知恵を遠慮なく借りてみましょう。やはり、経験豊富な上司は、対策の“引き出し”が多いものです。

▌「スモールステップ」を設定する

　目標を細分化し、「商談件数にこだわる」「契約率にこだわる」「○○社開拓する」など「**スモールステップ**」を設定する方法もお勧めです。着実に達成する方法として効果的です。

　もっとも避けたいのは、「達成が難しいな……」と思いながら、ただルーチンをこなすだけになってしまうこと。そのような状況を避けるためにも、まず、ここで挙げた3つを念頭に、アクションをとってみてください。

■ 目標が高すぎる場合の対処法

上司に確認をする

「正直に不安に感じる」ことを伝える。
（最適である理由を確認する）

目標を細分化する

・「新規開拓数にこだわろう」
・「商談件数にこだわろう」など

やり方を変える

・「上司、周囲の協力」を得る。
・「新しいやり方」を試す。　など

ONE POINT

● 目標達成には適正な難易度がある。主観で、「達成、未達成の確率が半々」と思えるところが最適。

● 難易度調整は、「目標そのもの」を変える方法もあるが、目標を変えずとも、「やり方を変える」「目標を細分化する」ことで、調整をする方法もある。

行動力が３倍高まる 「If-Thenプランニング」

迷っている時間のムダをなくす方法

「お客様に電話をかけよう」と思いながらも、気が乗らない日は誰にもあるものです。そんな時は、「If-Thenプランニング」を使ってください。

If-Thenプランニングは、コロンビア大学のハイディグラント教授が提唱する行動力を上げる心理メソッドです。やり方は簡単。「**もし●●なら、迷わずに■■する**」と決めておくだけ。さまざまな研究があるのですが、**おおむね実行度は２〜３倍に高まる**ことがわかっています。

例えば、次のように、自分なりの「条件」を設定してみてください。

- 出勤したら、迷わずに３本の電話をしてから座る。
- 10時になったら、迷わずに10本の電話をする。
- 18時になったら、迷わずに明日の準備をする。
- 3分考えても答えがわからないなら、迷わずに人に聞く。

このようにあらかじめやることを決めておくことで、**モチベーションに左右されずに、行動力が一気にアップします**。

私のお勧めは、「1日が始まったら、手帳の通りに業務をこなす」もしくは「To-Doリストを上からこなす」です。私自身も、行動を決める際、迷ったらスケジュール通りにこなすと決めていま

す。これだけのことで、気持ちに影響されることなく行動できることを実感しています。

「残業をしない」と決めたのも、このルールによるものです。「18時になったら、迷わず明日の準備をして帰る」と決めていました。もちろん、残業することもできたのですが、そうすると効率が落ちることはわかっていました。

ほかにもあります。私の知人の経営者には、「迷ったら、しんどいほうを選択する」という条件を課している強者もいます。

やり方は人それぞれですが、**If-Then プランニングを用いることで、優柔不断を絶つことができる**のです。

■「If-Then プランニング」の例

10時になったら		迷わず 10本電話をする

未実施	実施
成功確率１倍のまま	成功確率２〜３倍にUP!

ONE POINT

● 頭でやるべきとわかっていても、体がついてこない時は、「もし●●なら、迷わずに■■する」と決めておいて、すぐ実践を！

営業が知っておきたい「ストレスの正体」

「営業はストレスがたまる仕事」は本当か？

　対人のストレス、目標のプレッシャー、雨の中でも傘をさしながら歩き続けるストレス……**営業にはストレスがつきもの**です。私がストレス対処に強い関心を持った背景にも、やはり営業時代のストレスフルな環境が起因しています。

　「ストレスの正体」を把握すると、ストレスへの対処力がアップします。右ページの図をご覧ください。**ストレスとは、ある刺激（出来事）が加わり、"歪み"が起こっている「こころの状態」の**ことを指します。「嫌な出来事」そのものはストレスではなく、ただの刺激にすぎません。**ストレスは、あなたの「評価」が生み出す産物でしかない**のです。

　つまり、ある人にとってはストレスに感じる出来事であっても、別の人にしてみるとストレスとは感じられない、ということが起こるわけです。

　そこで、お勧めしたいことは、「**なぜ、ストレスと感じているかを知る**」ことです。そこに本当の原因があります。具体的には、ストレスに感じる出来事（刺激）に対し、「なぜ、ストレスに感じるのか」（評価）を整理するのです。

　例えば、「お客様が命令口調なのがストレス」（刺激）と考えたとしましょう。次に考えるのは、「なぜ、それをストレスと感じるのか？」です。

- 「人には親切に接するべきでしょ」と思っているから
- 自分をバカにしているように思っているから
- 自分の真意を理解してくれないから

このように、自分がどう感じているか（評価）を考えてみてください。それが、あなたのストレスを生む原因です。相手の嫌な対応は、あくまでストレスのきっかけでしかありません。

このように、「出来事」「評価」「こころの歪みの状態」を分けることによって、ストレスに対して冷静に対処できるようになります。

■ ストレスの原因は「相手」ではなく「評価」

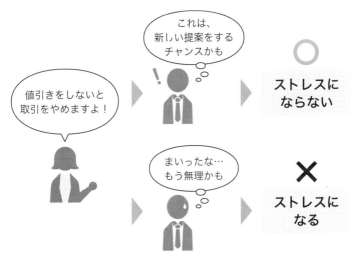

ONE POINT

- ストレスが発生するのは「相手」のせいではない。相手はきっかけにすぎない。
- ストレスそのものは、あなたの「評価」が生み出している産物である。

プレッシャーを味方にする「ストレスコーピング」

ストレスをエネルギーに変える方法

　前項で紹介したメソッドでストレスの正体がわかったら、ストレスに対処する手法である「**ストレスコーピング**」を実践しましょう。具体的には、**「評価に対する修正」**を行うことで、**ストレスを緩和することを目指します。**

　この手法は、プレッシャーを緩和する際にも使えます。例えば、周囲が目標を達成しているのに、自分だけが達成していない時は、かなりのプレッシャーを感じるものです。でも、ストレスコーピングを実践すれば、そんな状況すら、むしろ行動へのエネルギーに変えることができます。

　まず、ストレスコーピングの手法の１つである、「**セルフトーク**」を使うといいでしょう。セルフトークとは、心の中でつぶやく独り言のことをいいます。

　例えば、前に述べたように、自分だけが目標を達成できない時を考えてみましょう。たしかに、本人からすればプレッシャーを感じるシーンでしょうが、見方を変えると、ポジティブな見方もできます。

別の見方をするためのセルフトークの例

- まだ、自分の実力が足りていない証拠。お金をもらって勉強をさせてもらっている。
- 今までやったことがない経験を積むチャンス。
- ご無沙汰しているお客様にアプローチするタイミング。
- GRIT（やり抜くり力）を鍛えるチャンス。

このようにセルフトークによって見方を変えてみると、ポジティブな意味を見出すことができます。

実際、目標達成が厳しく、プレッシャーを感じた際、逃げずにやり抜くことで得られるものは、数字では計り知れません。これが営業の醍醐味でもあります。苦労の先に、新しいお客様との関係、新しい自分との出会いが待っているのです。

■ 意味をとらえ直すと、プレッシャーがチャンスになる

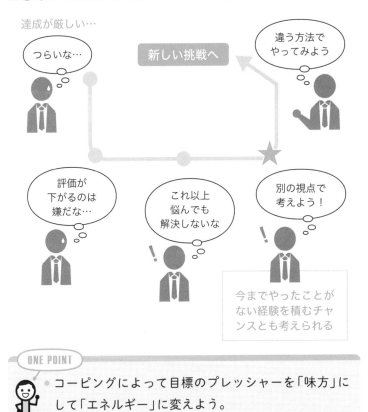

ONE POINT

• コーピングによって目標のプレッシャーを「味方」にして「エネルギー」に変えよう。

「数字」か「お客様」か？迷った際の判断軸

判断にしづらい時に役立つ「成功循環モデル」

営業をしていると、「この提案はお客様のためになっているのか？」「自分の数字がほしいだけでは？」と自問自答することは少なくありません。

このような場合は絶対に、**「お客様のため」を優先**してください。きれいごとではなく、そのほうが結果的にあなたの業績は上がります。これはマサチューセッツ工科大学のダニエル・キム氏が提唱し、有名になった**「成功循環モデル」**で説明できます。

右ページの図をご覧ください。

Step1	結果の質が上がれば、お客様との関係の質が良くなる。
Step2	関係性が良くなれば、もっとできることはないかと思考の質が高まる。
Step3	思考の質が高まれば、提案やフォローなどの行動の質も高まる。
Step4	行動の質が高まれば、さらに結果の質が高まる。

このようなスパイラルがグルグルと自動的にまわり続けることで、リピートが増え、紹介も増える、というわけです。

ここで大事なこが、何を**「結果の質」**とするかです。結果の質が「お客様にとっての成果」だと**「関係の質」**も高まります。

しかし、「お客様をないがしろにした自分の達成」だと、「関係の質」は高まりません。信頼を失い業績でも苦労をしてしまうで

しょう。だからこそ、迷った時は、「お客様の満足を最大に高める」ことを優先すべきなのです。

だからといって、お客様を喜ばすためには、「安く売ればいい」「言いなりになればいい」などというわけではありません。

営業として「結果の質」にこだわるなら、きちんとお客様に満足をいただける提案を、こちらからするべきなのです。

■迷った時は、お客様の満足を優先させる

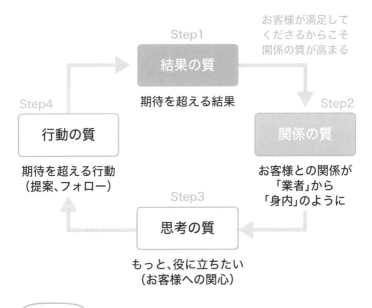

お客様が満足して
くださるからこそ
関係の質が高まる

Step1
結果の質
期待を超える結果

Step4
行動の質
期待を超える行動
（提案、フォロー）

Step2
関係の質
お客様との関係が
「業者」から
「身内」のように

Step3
思考の質
もっと、役に立ちたい
（お客様への関心）

営業として数字にこだわるのは基本だが、最優先すべきは、お客様の満足を最大化させること。

「絶対、大丈夫」と確約できない時の乗り越え方

お客様が見ているのは、結果だけではない

　お客様に結果を約束できないケースは、どの営業にもつきものです。「部材が入らずに期日までに納品ができない可能性がある」「金融商品なので期待利回りを約束できない」などのジレンマもあるでしょう。私が従事した求人メディアでも「掲載料を払ってもらっても、応募者が0人の可能性もある」ことは、自分自身の努力では乗り越えられないジレンマでした。

　もちろん、期待値の調整をすることも大事ですが、それだけでは不十分。次のように考えるといいでしょう。

「お客様は結果だけを見ているのではなく、あなたの行動を評価している」

　たとえ結果が出なくても、「ここまで、やってくれたら十分」と**お客様から思っていただける行動をとっているかどうかが重要な**のです。

　これは、前項で紹介した「成功循環モデル」でも説明ができます。**お客様は「結果の質」だけではなく、「行動の質」も見ている**のです。営業の評価対象に含まれると考えてください。
「今回は、結果が出なかったけど、またお願いしたい」──そう思ってもらうことが、**「行動に対しての評価」**なのです。

　契約前の丁寧な対応、きめ細かなヒアリング、お客様の状況のリサーチ、契約後の先手を打ったアフターフォロー。このような

「行動」があれば、いかがでしょう。お客様はたとえ期待どおりの結果でなくても、「あなたが悪いのではない」と思っていただきやすくなるものです。

　行動で誠意を見せることも、営業を成功させる鍵なのです。

■ お客様はあなたの「行動」を見ている

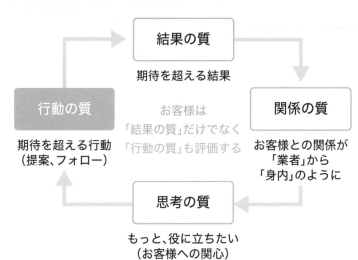

ONE POINT

- お客様は「結果の質」だけでなく、「行動の質」も評価ポイントにしている。
- お客様から長い目でお付き合いをいただけるために、どのような行動をすればいいか、日々考えて行動する。

クレーム対応

クレームをチャンスにする 「グッドマンの法則」

お客様から叱られた時こそ、ビッグチャンス

　お客様からクレームをもらうと落ち込んでしまうもの。でも、クレームは見方を変えるとお客様にファンになってもらうビッグチャンスの到来ともいえるのです。

「クレーム」はリクエストだと考え、迅速に満足のいだたける対応を心がけることが成功の鍵です。

　なぜそうなのかは、「**グッドマンの法則**」を知ると、頷けるでしょう。グッドマンの法則は、消費者行動分析の大家であるジョン・グッドマン氏が提唱するもので、**クレームに対して、迅速に対応することの有効性を説く理論です。**

　右ページの図をご覧ください。この図で比較すべきは、各クレーム対応における、評価の差です。具体的には、結果が以下のようになります。

---

①トラブル経験がないお客様（一番上）
②トラブル経験があったが、クレームしないお客様（一番下）
③クレーム後、対応に満足したお客様（上から2番目）

「今後も必ず買う」と回答するお客様…… 1位は③
「必ず人に勧める」というお客様………… 1位は③

　つまり、**クレームを言ってくださった上で納得していただいたお客様**は、トラブルがないお客様や、クレームを心に秘めるお客様よりも、リピーターになっていただける確率が高いのです。な

ので、クレームを頂戴したら、次のように対処してください。

Step1　部分的に謝罪する。
　　　　「ご心配をおかけし、申し訳ございません」
　　　　（"心配をかけたこと"について詫びる）
Step2　共感しながら話を聞く。
　　　　ここでは対応を示さない。受け止めることが先。
Step3　できる範囲で、誠意のある対応を示す。

　誠意ある対応が、お客様の満足になり、さらなる良い関係を築くことができます。

■「グッドマンの法則」とは？

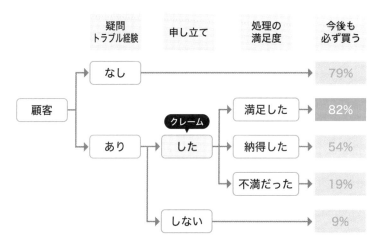

ONE POINT

● クレームはむしろ、チャンスにできる。
● 話を受け止め、誠意ある対応を迅速にとることがクレーム対応の正解。

233

成績が悪い時こそ
「明るくふるまう」

「笑う門には福来る」の意味を知る

職場の中で自分だけが成績が悪いと、「売れるまで、今は大人しくしておこう」と萎縮をしてしまいそうになります。でも、萎縮をせずに明るくふるまったほうが幸運はやってきます。**業績が悪い時こそ、努めて明るくふるまうのが正解。**

もちろん、ヘラヘラと緊張感のない雰囲気は周囲にストレスを与えますが、**ニコニコと手際よく、一生懸命に努力する姿は、周囲に良い影響を与えます。**

笑顔の人といるだけで、こちらも明るい気分になる、ということはないでしょうか。これは、脳内物質のエンドルフィンの効果ともいわれています。

エンドルフィンは、「体内で分泌されるモルヒネ」ともいわれ、高揚感、幸福感が得られるという作用があります。笑顔の人といると、このエンドルフィンが分泌されます。

私の実体験でも、笑顔の効果を感じています。営業リーダーであった時、リーダーである自分が、チームの足を引っ張っている状況に幾度も直面したものです。

でも、そこで萎縮してしまうとチームの雰囲気は悪くなります。だからこそ、**心ではもがきながらも、努めて明るくふるまいました。**すると、チームの雰囲気はむしろ良くなったものです。

また、次のようなシチュエーションも考えてみましょう。
サッカーのワールドカップの試合で、試合終了まで10分。し

かし、２対０で負けていて瀬戸際の状況。このようなシチュエーションで「今日、良いプレイができていないな。俺のせいだ……」と萎縮するプロのサッカー選手はいるでしょうか？　むしろ、周囲を奮起させるプレイをしているはずです。

　仕事においても同様です。笑顔で奮起していれば、その姿に周囲は信頼を寄せ、あなたにもパス（チャンス）が巡ってくる、というわけなのです。

　お客様も一緒です。成績が悪いと落ち込んでいる人よりも、どんな時でも明るい人に仕事を発注したがるものです。

■「しんどい時こそ、笑顔」の効果

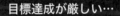

目標達成が厳しい…

行ってきます！

明るい

上司も安心する
職場も明るくなる
自分も元気になる

行ってきます…

大人しい

上司が心配する
職場が暗くなる
自分も落ち込む

ONE POINT

● 業績の悪い時こそ、努めて明るくふるまう。

● 明るくふるまえば、周囲からパス（チャンス）が巡ってくる。

TECHNIC 106

うまくいかない時はトップセールスから「マネぶ」

学ぶの語源は「マネぶ」である

何をやってもうまく行かない時はないでしょうか？　**このような時やってはいけないのが、「やることが見えないままに、やり続ける」**ことです。目を瞑ってアクセルを全開にするような，危険な行為でしかありません。

私がうまく行かなかった時に救われた方法を紹介しましょう。**「トップセールス」のマネをしてみる**のです。そのままマネをするのは難しくても、一部だけでもマネをしてみましょう。この方法で、私は何度もスランプを乗り越えました。

「学ぶ」の語源は「マネ（真似）ぶ」だといわれています。**ワザを「マネる」ことこそが「学ぶ」ことの本質**というわけです。

だったら、自己流でどうにかしようとせずに、成果の出ている人のやり方を「マネぶ」のが得策でしょう。

営業の駆け出しの頃、まったく売れない状況に陥ったことがありました。あまりの辛さに夜もうなされて、寝汗がびっしょり。そんな、まさに先が見えない時、当時の上司が「隣の事業部の〇〇さんに会ってきたら？　ヒントがあるかもよ」と教えてくれたのです。

面識のない先輩に聞くのは緊張したものですが、話を聞かせてもらい、営業同行までさせてもらったのです。

この経験は、まさに目から鱗の連続で、「まだまだ、やるべきことは多い」と気づかされた瞬間でした。

もちろん、トップセールスのやり方を、そのままマネすることはできません。お客様の事情も違えば、こちらのスキルも違います。でも、**「やるべきこと」に気づける点が大事**なのです。

　スランプで先が見えない時は、自分の立ち位置や、向かう先を知るためにも、トップセールスのマネをして「マネぶ」ことをお勧めします。

■「マネぶ」ことこそ、「学ぶ」近道

やってみると気づきが多い

しぐさをマネる

マネぶ

提案書をマネる

話し方をマネる

ONE POINT

● 先が見えない時は、自己流でどうにかしようとしないこと。

● トップセールスがどうやっているかを「マネぶ」。

伊庭 正康（いば　まさやす）

株式会社らしさラボ代表取締役。1991年リクルートグループ入社。リクルートフロムエー、リクルートにて法人営業職として従事。プレイヤー部門とマネージャー部門の両部門で年間全国トップ表彰4回を受賞。累計40回以上の社内表彰を受け、営業部長、㈱フロムエーキャリアの代表取締役を歴任。2011年研修会社らしさラボを設立。リーディングカンパニーを中心に年間およそ 200 回登壇し、リピート率は9割を誇る。オンライン学習の「Udemy」においても、受講者数が6万人を超える人気講座となっている。

『できるリーダーは、「これ」しかやらない』『できる営業は、「これ」しかやらない』（以上、PHP 研究所）、『「すぐやる人」のビジネス手帳術』（ナツメ社）、『仕事の速い人が絶対やらない段取りの仕方』（日本実業出版社）、『最速で仕事が終わる人の時短のワザ』（明日香出版社）など、著書は累計 40 冊以上。

「らしさラボ無料メールセミナー」（全8回）、YouTube：「研修トレーナー伊庭正康のスキルアップチャンネル」、Voicy：「1日5分　スキル UP ラジオ」も好評配信中。

即効性バツグン、あらゆる場面で使える
営業テクニック図鑑

2023年 4 月 1 日　初版発行

著　者　伊庭正康　©M.Iba 2023
発行者　杉本淳一

発行所　株式会社日本実業出版社　東京都新宿区市谷本村町3-29 〒162-0845

編集部　☎03-3268-5651
営業部　☎03-3268-5161　　振　替　00170-1-25349
　　　　　　　　　　　　　　　https://www.njg.co.jp/

印 刷・製 本／中央精版印刷

ISBN 978-4-534-05999-4　Printed in JAPAN

下記の価格は消費税（10%）を含む金額です。

「営業」とは再現性のある科学

木下 悠 著
定価 1760 円（税込）

クビ宣告から トップ営業へと変わった著者が明かす、「営業力＝マーケティングスキル×リサーチスキル」をもとに、成果を出し続ける法則。「選ばれ続ける営業」に変わる！

成果に直結する
「仮説提案営業」実践講座

城野えん 著
定価 1980 円（税込）

BtoB 営業で強力な武器となる「仮説提案力」を解説。仮説の立て方、資料の作成、商談トークへの落とし込み、オンライン商談のプレゼン術などを、豊富な図で説明します。

この1冊ですべてわかる
営業の基本

横山信弘 著
定価 1760 円（税込）

営業コンサルタントとして人気の著者が、これだけは知っておきたい営業の基本と原則をまとめた1冊。成果を上げ続けるために身につけたい「考え方とスキル」を紹介します。

定価変更の場合はご了承ください。